U0001612

別生氣啦！

しない生活

煩悩を静める108のお稽古

小池龍之介 —— 著

張嘉芬 —— 譯

傾聽自己的心聲，
讓心平靜下來。

—

Contents

第一章 ── 和世界保持適當距離

第二章—— 別輕易動怒

第三章 —— 別找藉口

第四章 —— 別著急

第五章 —— 別比較

第 1 章

和世界
保持適當距離

1

(吸收的資訊越多，心越混亂)

　　這本散文集，蒐集了我在報紙上以「修心練習」為題而撰寫的文章。之所以選擇這個題目，主要在於我們若是對心是放任不管，它便會變動雜亂無章，容易失去平靜。

　　當我們看到自己不太喜歡的藝人出現在電視上時，心裡會瞬間出現一些煩躁碎念；如果傳訊息給朋友時，光是對方回覆速度不夠快，腦中就可能冒出各種不安的小劇場。沒錯，人的心就是這樣，只要有那麼一點引線，就會任由自己心煩意亂：憤怒、後悔、不安、猶豫、嫉妒、驕傲、自大等情緒……把事情弄得複雜起來。

佛教稱這種煩亂的心理狀態為「煩惱」，可以說人會自己幫事情不斷的「加油添醋」。就以剛才的例子來說，我們接收到「對方回信好慢」這個實際訊息後，就會在腦中自動加上「我是不是很惹人厭？」「到現在還不回信，真沒禮貌」等無謂的附加訊息。當這種訊息越多，心就會越煩亂。

　　然而，人類的大腦是基於「資訊量越多，越利於生存下去」的概念而設計。因此，即使是混亂和徒增煩惱的訊息，我們也會樂於接受，並且通通蒐集起來擾亂自己的心。

　　我一直身體力行的佛教，其實也算是一種心理學，它可以深入剖析紛亂的內心，就讓我把它當成穩定內在的修心工具，與大家一起練習，把各種煩惱在生活中解放出來。

2

從對方的屈服
提升自我價值，是愚昧的

　　從這一篇開始，讓我們先來練習如何讓心免於受到「自尊」這個煩惱的侵擾。我在前面提過，人只需要一點小小的干擾，大腦就會被一些無謂的訊息耍得團團轉。一點微不足道的小事，都很容易讓自尊心受到傷害。比方說，當你打算和戀愛對象或結婚伴侶一起做什麼事情時，如果總是自己單方面開口邀約，而對方卻不曾主動開口的話，身為主動的那一方難免會擔心自己是否真的被愛——這其實是因為自尊心覺得受傷了。

　　或者當你因為公司後輩不聽建議、自行其是而怒罵他：「你真的沒救了」，但背後其實是因為自尊受了傷，覺得「原來對那個人來說，我的價值低到連建議都不值

得一聽啊⋯⋯」

以上述例子來說，當對方越主動邀約、越願意聽取建議，你就越能從中得到自我價值、魅力或能力上的肯定感。當現實不如預期時，我們便覺得心煩意亂。當「想展現自身能耐」的自尊心越強烈，就越容易因為一點小事而受傷、發怒。

事實上，現今社會上之所以充斥著怪獸家長、抱怨狂奧客，還有網路上的許多匿名攻訐，原因都出在這些人為了維護自尊，以為把他人傷得體無完膚而屈服時，就能得到滿足感，並產生「我很有價值」的錯覺。

這種投訴、抱怨會有生存空間，主要是被針對的學校、企業或名人會因此失去更多，所以那怕只是一丁點失誤，也不得不屈服向社會公開道歉：「對不起，我做的不夠好，犯了這種疏失」。對於投訴的人來說，這是他們的勝利。恕我直言，其實，這是一場無聊對決。挑起這場戰爭的人，內心很可悲。

拚命想要從別人的屈服中，得到自我價值的滿足，無疑是愚昧的行為。當有這樣的念頭產生時，請清楚意識到這點，並提醒自己停下來。

3

（說是「為你好」，
其實是「為自己好」）

我常聽到家長抱怨：「我是為了孩子打算，才特意勸告他說：『這是為你好』。沒想到孩子竟然會頂撞，還完全不聽話。」

想必他們都認為「我是為了孩子著想」，而沒有留意到那些作為的本意其實是「為了自己」。只要深入審視內心的想法，應該就能看出在「想幫助孩子成長」這份利他思維背後，隱藏著一份利己的煩惱──那就是「孩子不聽話，我會很煩躁」。

孩子都很敏感，能看透父母用「為你好」這種說詞，來掩飾自己「想要孩子乖乖聽話、接受管教」的欲望。

這些謊言都讓孩子本能地感到不快，進而引起反彈。

我想可以這麼說：在各種煩惱當中，掩飾自己真正動機的「偽善」，對於激發他人的不信任、摧毀雙方關係，效果尤其顯著。或許我們可以試著從《無賴傳・涯》（福本伸行著，講談社）這部少年漫畫，找尋一些足以戒除這類偽善的線索。

這本漫畫的主角是一位名叫「涯」的少年。他明明沒有犯罪，卻被警察當作殺人犯逮捕。有另一位警官發現涯可能是無辜的，而想設法營救他。但涯看穿了警官施捨口吻背後的偽善，並拒絕了他的援助。

然而，當警官不再擺出一副「好人」模樣，坦承自己因為涉賭而背了一身債，抓到真兇是為了還債時，涯才認定「既然有共同利益，對方應該不會背叛我」，兩人就建立了同盟的關係。

「你不好好整理，會讓我覺得很煩躁。你能不能為了我整理一下？」如果這才是爸媽的真實想法，不妨直接了當說出來，坦誠表達自己的利益需求，當我們不再「裝好人」，不用「利他」當藉口，或許就能順利建構真正的信任關係。

4

（乾脆拒絕，別再當「老好人」）

「喔，好啊！隨時都能找我幫忙。」

「一定一定，你的展覽開始後，我一定會去看。」

當我們不經大腦「隨口答應」時，內心深處想的其實是「我根本不想照做」吧？

如果對方真的開口請求幫忙，或邀請我們去看展覽，想必會很傷腦筋吧？或許有人會以「我很想去，但現在真的很忙……」等藉口來婉拒；或許也有人因為推辭不了，只好心不甘情不願地答應，唉聲嘆氣地悔不當初。不可否認我有時候也會這樣。

「不想被人討厭」的煩惱我也常有。我們總會下意識地想當個「好人」。就因為要當「好人」，才會不惜用謊言來婉拒，或違心答應我們不想做的事。

那麼，為什麼我們會「隨口答應」呢？說穿了，純粹是為了給對方留下「好印象」，儘管我們根本無意兌現承諾。相信每個人心中或多或少，都有著想藉由「留下好印象」來博得他人好感的煩惱。

但對於那些能輕易看穿對方偽裝的人來說，他們會覺得「明明不想來，還隨便答應」，這種舉動反而會讓他們對你的好感大打折扣，不僅留下負面印象而且還會傷害他們的心。

況且說謊也會讓自己良心不安，但要是推辭不了、勉強接受，又會變成另一種煎熬。

讓我們放棄當「好人」的偽裝，老實坦率地拒絕自己不想做的事吧！其實這樣反而更有助於維繫雙方的信任關係喔。

5

(一直計較得失，是心靈的損失)

　　光是要決定一個跟朋友在哪裡見面這點小事，都很容易讓人猶豫不決，舉棋不定，就連我自己也有過這種經驗，因為拿不定主意而苦惱著「該約在哪裡……？」結果一回神，才發現浪費了十五分鐘，有夠無言的。

　　再多舉一些例子，例如：「上次我大老遠跑了一趟，這次該換他過來了吧？」「等等，要是他來我就得負責招待，這樣太累了，選中間碰面吧！」「但我不知道那一站有什麼可以安靜聊天的店家。要是選錯地方讓他覺得我品味很差的話，怎麼辦？」「算了，還是請他過來吧！」「不對不對……」。

會因為這麼多念頭而感到心煩意亂，就在於我們心中有一股想計較「哪個選項最划算」的欲望。然而問題是：當我們左思右想、腦中不斷兜圈子時，反而因此損耗了不少精神（和時間），而陷入疲勞之中。

　　糾結「哪個比較好」這件事本身，就是耗損心力。這個道理大家都明白吧？所以人們才不樂見選項過多的情況。據說市場上就有過案例調查：比起提供十幾種口味的商品，另一種只提供兩、三種口味，能迅速決定的商品，竟然更受消費者青睞。

　　話雖如此，但我們難免因為優柔寡斷，不小心跌入迷惘的泥沼之中。這時，我們不妨提醒自己，之所以會猶豫，代表沒有哪一個選項具有絕對性的優勢——亦即，就算我們做了一個「比較划算」的選擇，事實上也和其他選項沒太大差異。

　　「為了一點點的好處，而被這種微不足道的利益弄得心裡一團糟，這樣的自己也太小心眼了……」意識到這一點，讓自己拋開對「好處」的執念，乾脆做出決定，即使選出來的，不一定是最好的，也沒什麼大不了。

6

（ 對他人的反覆無常多點寬容 ）

　　我在前一篇提到，人之所以猶豫不決，是因為心中有一股「想要更多好處，那怕只有一點也好」的欲望。

　　環顧四周，不難見到有些政治家因為盤算著：「儘管這個方案比較好，但說出來被罵就太虧了，跟著風向走吧」頻繁轉變立場的結果，反倒招來更嚴厲的抨擊。

　　又或者是明明開口約交往對象：「這週末想一起出去玩，你先把時間空下來」，結果到了當天，卻因為有其他更想做的事，而選擇臨時爽約，讓對方火大又傷心。

　　這種先是覺得「A 比較划算」，現在又覺得「B 更

有利」而改變想法、選擇翻盤的作為，勢必會讓人覺得你難以信任。然而，最近也出現一股獵巫風氣，很多人會猛力批評別人「又改變立場了」、「騙子！」等等。但在我看來，難免覺得你們又有什麼資格去罵別人呢？

為什麼我們會想譴責別人反覆無常呢？這大概是因為我們每每看穿政治人物的盤算，大部分都是因為「怎麼做對我最有利」，這樣的算計才會激起民眾的憤怒。

但問題是，人這種生物啊，不是那種用力敲打後就會清醒、好好改善的。反而是因為遭受到責罵時的苦悶，讓人更想去尋找輕鬆解脫的出路，因而變得更徬徨猶疑、搖擺不定。

而且，當我們狹隘的心，總是不輕易原諒他人的反覆無常，一看到他人「改變主意」就惱怒，殊不知心也會陷入一團混亂中。

「諸行無常，改變主意也是正常」只要能這樣想，就能寬容以對。如此一來，在守護自己內心的同時，也能用更長遠的角度來看待他人了（包括立場變來變去的政治人物）。

7

（ 越想要被理解，越是不被理解 ）

　　我曾舉辦一場講座，向民眾講解佛教知識。過程中提到：「想要得到他人的理解和認同，是我們每個人都會有的煩惱」。

　　在演講最後的提問時間上，有一位男士提出了這樣的問題：「我從小就不想得到父母的認同，也沒有那種希望別人了解自己的依賴心。關於這點，您怎麼看呢？」

　　仔細想想，這個發言其實挺可愛的。因為他說出「我是沒有依賴心的人」這句話本身，正好清楚彰顯了一種想得到在場觀眾了解的依賴心。

這樣看來，各位應該不難了解人類「希望有人懂」的欲望，是多麼地強烈了吧？

確實，對我們來說，身邊有個恰如其分了解自己的人，的確能讓我們覺得被接納，帶來一股安心感。

然而諷刺的是，期盼「有人懂」的煩惱越深，越容易讓我們變得過度自我又嘮叨，令他人不住厭倦。更過分時，就算對方開口問：「你是這個意思嗎？」我們也會因為想得到完整、徹底的理解才肯善罷甘休，而回應：「不對，不是這樣」，但這個否定反而讓對方更加不快。嗯……雖然我平日很注意這一點，偶爾還是會忍不住脫口反駁，讓人吃不消。

唉呀，結果到頭來，別說是有人懂了，根本就是讓人避之唯恐不及。與其如此，不如少說幾句，不再強求他人理解，反而更容易得到他人認同。

8

想用網路增加聯繫，
其實是想要「有人懂我」

想透過網路「與人連結」的心態，背後其實夾雜著想要「有人懂我」的煩惱。

網路上散佈著膨大數量的文字，從日記到短短的推文，還有在匿名留言板上批評、攻訐或中傷他人的字句。這類文字和傳統私人日記的最大差別，在於它們是為了讓別人看見而存在。透過公開自己的日記或隻字片語，**讓人看見**「我是這樣的人喔」來尋求理解，這樣說起來，誰不是掙扎在寂寞之中呢？

例如，為什麼我們會想貼出「今天是我生日，朋友在赤坂的飯店幫我慶生，一起吃了法國菜」，並附上生

日禮物的文字和照片？那是因為我們**想昭告天下**「有好多人幫我慶生、送我禮物，被大家這麼重視的我好棒」。

同樣的，在匿名留言板上的那些批評也一樣。想藉由更多人**願意瀏覽**、回應自己寫的批評，來**讓人知道**「我的批評技巧很高明」。因此，一旦沒人回應或瀏覽時，就會感到提不起勁。

網路幾乎覆蓋了整個現代社會、龐大至極的電腦空間，滿溢著可以直接翻譯成「想要有人懂我」的孤獨話語。

在從前那個復古的美好年代，避開他人視線所寫下的日記，反而成為一種面對自身孤獨、獲得片刻喘息的**心靈避難所**。希望各位盡量避免把這種「快了解我」的欲望攤開在他人眼前，以免搞得自己更加心煩意亂。

9

「我早就說過了」的意思是「尊重我一下」

「我早就說過啦」、「要說幾次你才懂啊？」

隱藏在這些話語背後，暗中擾亂我們心神的，其實是一種期望他人「看著我、了解我！」的煩惱。

舉例來說，當身旁有大聲吵鬧的孩子，忍不住對他們大吼：「不要吵了，我在工作！再吵我就要生氣囉！」到了隔天，如果孩子還是一樣吵鬧不休，大多數的家長只會比上一次更不耐煩。

這其實是一種依賴孩子的表現：「我希望你不要吵了，你要是明白這一點，給我一點尊重，就應該要保持

安靜」。

換句話說，正因為覺得對方無法體諒我們的心情並給予尊重，所以我們才會生氣，進而脫口說出：「要講幾次你才懂啊？」。

當我們被這股憤怒搞得心煩意亂時，不妨試著反省自己：「孩子明明就不懂，我怎麼能奢望孩子『多關心我的需求』？」

再舉另一個例子吧。當我們想對另一半說：「我之前就說過了，會遲到的話，至少先傳個訊息啊！」時，背後的潛台詞其實是「你不提前知會，會讓我很煩躁。你要明白並且尊重這一點！」。

但在盛怒之下說出口只會帶來反效果，導致和對方大吵一架。建議先從察覺自己的想法開始，「原來我就像要人滿足自己的孩子一樣！我也太無聊了吧」當你留意到這一點時，內心更能冷靜下來了。

10

(即使沒立刻收到回信也別焦急)

有一對正在吵著要分手的情侶，男方發了一封表示想重新來過的郵件，可是送出後卻遲遲等不到回應。心急如焚的他等不下去，於是又再發了一次，還補上一句「要是妳已經看過上一封信，至少先回覆一下。」但這種行為只會增添女方的反感。

倒底是什麼樣的原因，促使我們做出催逼他人的難堪舉動？在催促行為的背後又隱藏著什麼煩惱呢？我們就來分析一下吧。

很多人的心裡是這麼想的「既然我都花這麼大力氣主動聯絡了，對方應該看在我所付出的心力馬上回信才

對。否則光是我單方面不斷付出，實在很不公平」。

　　這是一種讓自己受制於「凡事非得講求公平、對等」的強迫觀念。最符合這種強迫觀念的名稱，就是名為「正義感」（justice）的煩惱。英文的「正義感」是以「just」為詞幹，而「just」意指天秤的平衡狀態。由此可知，人的大腦會因為無法取得平衡而感到不協調，進而煩躁不已。

　　如此一來，為什麼有些人會為了沒馬上收到回應而焦躁；或者跟蹤狂那種「我這麼愛你，你怎麼可以不愛我」的妄想，都能得到解釋了，原因都是出在他們認為「天秤必須保持平衡」的那股「正義感」。

　　我們要留意自己認定「應該怎樣」卻無法如願的事情，純粹是腦內天秤失衡下所帶來的煩躁感。拋開過去學校教導的「公平性」，這只是一種天真的妄想，不公平才是世界的常態，睜開雙眼認清這個事實吧！

　　不妨拋開「要立刻回信給我才公平」的正義妄想，便能從容不迫地學會「等待」。等待也是一種能力，除了能讓我們保持優雅，也能讓對方從容地思考，這麼做對彼此都有益處。

11

（「正義之怒」的真面目是為了報復）

　　上一篇談到正義感也是一種煩惱，而我想在這裡做一些更深入的探討。

　　假設有個朋友因為背叛了你而得到某些利益，並在社會上功成名就。如果某一天聽說這個朋友遭逢不幸而失敗落難，你應該會感到「大快人心」吧。換句話說，我們心中會萌生一股正義感，認為唯有對方吃到比自己更大的苦頭，心裡才會感到平衡。就是這份正義感，不斷讓我們感到煩躁。

　　再舉一個例子。假設有人對我們說：「你怎麼連這麼簡單的事都不懂？」時，我們腦中會萌生一股正義

感，覺得自己受到傷害，若不還以顏色心裡會很不平衡。

如果對方是可以像家人般無須客氣的關係，我們恐怕會立即回敬直接且刺耳的話來維持平衡吧。比如「你才是！為什麼非要講這麼難聽話？」

但如果對方是上司或長輩，就無法隨便回嘴，只好忍氣吞聲。雖然暫時壓下來了，但憤怒會在心中再三迴盪，「可惡，竟然把話說得那麼難聽，給我走著瞧！」等等。既然無法在現實中復仇，我們會轉而在腦中不停虛擬出反擊對方的畫面來實現「正義」，藉此取得內心的平衡。

正是這種「正義的怒火」，讓我們的思想變得僵硬，變得以偏見識人。當我們能察覺這一點，或許能擺脫大腦的「復仇」機制，獲得心靈自由。

12

（ 假裝來的正義，也遮掩不了小人的醜態 ）

　　如果要談「正義」的危險性，那些天天出沒在網路
上的大量攻擊性言論是最佳實證——也是我們該引以為
戒的教材。

　　每當政治人物或藝人明星稍有失言或問題曝光時，
就會引起「全民網路公審」的大騷亂，網民們蜂擁而至，
恨不得把名人批評得體無完膚。嚴重的時候，還會牽涉
到無關的人出來，而產生連鎖反應。

　　有人甚至會寫下「你這種人根本沒資格活著，去死
吧」，或是「還真沒聽過有誰說得出這種話，簡直是人
渣」……等等。這種在當事人面前絕對不敢說出口的狠

話，排山倒海地出現在網路上。

　　網民們之所以敢口無遮攔地辱罵他人，想必是因為覺得自己「在追打壞人，是正義的一方！」想藉此戴上正當性的護身符吧？然而，這種舉動，其實是一大群沒有直接受害的陌生人，把矛頭全部指向同一個人窮追猛打的霸凌。但就算是為了紓解心中的鬱悶而想找個人來欺負，他們也不願隨便攻擊光明磊落的人，讓自己淪為惡人。

　　所以，只要一找到「壞人壞事」，他們就能自命為正義使者，沉溺於欺凌別人的快感之中而無法自拔。但是，這種空虛的快感轉瞬即逝，自己只會更加煩悶。我想透過上面的反面教材，來讓人明白「以正義感為名的行為，自己反而會在不自覺之間淪為醜惡小人」，進而遠離那些汙染人心的惡意言論。

13

（跳脫「犯錯是不好」的思維陷阱）

當我們企圖糾正別人時，心裡或多或少會感到不太舒服。

這一篇其實包含了一些給自己的告誡，所以我決定用自己的例子來談談。我有一位很熟的朋友，他說話時很喜歡加上「徐徐」一詞，但他是把這個詞彙當成「突然」、「顯然」來用。起初我曾想過：「『徐徐』是『慢慢』的意思，所以應該是他搞錯了吧。」因而特地為他做了說明：「『徐徐』的『徐』其實是指『慢慢』的意思喔」。

然而，雖然朋友點頭表示：「喔……這樣啊」後，

還是接著說「哇！怎麼會這樣？也太徐徐了吧？」絲毫沒有改正的意思。

當下我心裡不免覺得：「我都特地教你了，怎麼還是搞錯？」還因此悶悶不樂。不過當我按耐自己想糾正朋友：「都說你那個用法錯了啦！」的情緒之後，發現自己心中居然深植了「犯錯就是不好的」的刻板印象。

打個比方來說，腦神經細胞在連結時，一旦形成了「A 與 B 相連」的迴路，此時若要加入「A=C」的資訊，人便會因為腦神經迴路被擾亂而感到痛苦。

倘若陷入這一套「我是對的，對方錯了」的神經迴路陷阱，我們很容易因為想著「別人是錯的、自己是對的」而產生疙瘩，變得難以享受新資訊帶來的樂趣。正因為這份體悟，我才得以轉念告訴自己，並決定坦然接受這件事：「『徐徐』這種用法也蠻新鮮的呢！」

14

(心情不好時，舉止更要體貼)

　　我們其實經常毫無自覺地將「我是對的，你是錯的」這種想法強加在他人身上。直到上一篇為止，我也花了一些篇幅剖析追求「正確」如何讓旁人和自己吃足苦頭的機制。

　　然而，我們人類其實是一種缺乏智慧的生物。明明知道不妥，卻還是一不小心就開口否定別人，把氣氛弄得很尷尬。

　　比方說，我們原本想聽另一半吐苦水，不料卻脫口說出：「對啊！我一直覺得你這個問題要改一改」。這是一種趁對方脆弱時的見縫插針，藉機誇耀「你是錯

的，而我是對的」。想必對方一定覺得莫名掃興，心事沒人懂就算了，還得被強迫接受「正確」的大道理。

這樣一來，一旦場面鬧僵，彼此都會感到很不自在，很難進一步說些體貼好話、擺出和藹表情，更做不出貼心的舉動了。所以啊，問題就在於，當我們的言行舉止變得很生硬時，內心會以為：「我的表情和動作很生硬，意味著眼前的這個人，不是自己人」。也就是說，我們會產生一個「心情不好→身體出現不適變化→心理察覺身體不適，心情更差」的惡性循環。

要切斷這個惡性循環，就必須克服這種讓人不悅的心情，主動對他人表示善意。例如問問對方：「要不要喝杯熱可可？」然後默默地泡好遞給他。如此一來，我們心裡就會覺得「我為他做了一件好事。既然如此，他一定是自己人」，心情也隨之平靜下來。

如果我們能對別人好一點，不僅讓能對方感受到善意和體貼，緩和對方的情緒，我們自己的內心也會更加柔軟與安定。

15

(別因自己不被重視而生氣)

「早在一個月前做好的約定，最後竟然只用一句：
『抱歉，今天要在家收宅配包裹』被爽約了。」

「原來和我做的約定那麼不重要啊！」這是漫畫家
久米田康治，在漫畫卷末的隨筆中，一段讓我讀得興味
盎然的自嘲。

所以這一篇想來聊聊，是什麼樣的機制，讓我們臨
時被爽約時會感到心裡刺痛。

回想起來，我也曾遇過別人以「我得在家等快遞」
為由，被放鴿子的經驗。那時我心裡萌生一股難以接受

的不滿，覺得「蛤？這種理由也行？」

　　為什麼不能接受這個理由呢？我試著分析這股難以接受的情緒，發現這其實是出於「無法容許**自己的重要性**比宅配還低」的心態，也就是說，一股不容「自尊心」受傷的欲求在背後作祟。

　　那麼，如果對方是因為突然必須處理緊急工作，才臨時取消約定呢？有些人固然會因為「自己的重要性比工作低」而不開心，但想必也有不少人會覺得「既然是工作，那也是沒辦法的事」。但如果是「希望自己被優先關照」這種自尊心很強的人，一旦發現自己的重要性居然比工作低，就會感到忍無可忍而煩躁不已。

　　隱藏在這股煩躁心情背後的是，「我明明比工作更重要啊！」的念頭，但這種真心話，恐怕大家都會因為不好意思而說不出口吧。

　　只要對這份難為情的心態有所自覺，就能立刻清醒，讓不滿獲得沉澱。如果碰到自己被「等快遞」比下去，還能平定內心不滿的話，這種修養就堪稱賢人等級了。哎呀！看來連我自己都還達不到這個境界呢。

16

(坦率一點，心境會更從容)

正如上一篇提到的，要是與人約見面卻臨時被放鴿子，原因還是「要等快遞」之類的小事，相信大多數人都會有股怒火。

因為人在生氣時，大腦便會捲入責怪對方的念頭中，「我居然因為這種小事而被放鴿子，太扯了！」

然而，這種看似能端上檯面、合情合理的想法背後，其實隱藏著一些不願曝光的難為情想法，例如「真是的！我應該比那些雞毛蒜皮小事更優先，沒受到尊重這點有夠不甘心！」

我在前面說過，當我們察覺到潛藏的真心話有多難為情時，有助於心情歸於平靜。不過這裡想探討的是：曾幾何時，我們就連面對自己時，也會刻意隱藏某些真實的想法，戴上道貌岸然的面具，騙過了自己。

　　「好想受到重視喔，嗚嗚～」相信這是大家小時候常常出現的念頭。但這個念頭大多只會得到「你都幾年級了呀！也太幼稚了吧！」的回應，遭到父母或旁人的否定，甚至取笑。

　　久而久之，我們便會無意識地隱藏遭到否定的感受，換上一張旁人比較願意認同的情感面具。因為只要端出「那個人也太沒常識了」這種道德方面的理由來發脾氣，至少可以給人正氣凜然的印象，建立一種正向的自我形象。

　　相對的，「明明想哭，卻只能生氣」或「明明很痛苦，卻要強打精神」等作為，會讓我們越來越難察覺內心真正的感受，心理迴路也跟著失序。如果我們願意正面承認隱藏在內心深處那些真實的情緒感受，將能活得輕鬆自在。

17

（ 用溫柔化解他人的敵意 ）

前面提到，當雙方關係緊張時，如果我們主動做些體貼對方的舉動，比如問聲：「要不要喝杯熱可可？」在對方情緒和緩之前，這些貼心行為也可以讓我們自己的心先冷靜下來。

在這樣的僵局中，或許場面仍然有點尷尬，但行動上已經先付出善意，大腦在處理這樣的矛盾訊息時，會產生混亂，但因為無法改變「做出貼心舉動」的事實，大腦會強行轉換自己的心情去配合，讓心情與事情調整時一致的狀態。

當「體貼對方」的事實在我們心中留下印記，或許

雙方還會有點尷尬。可是，隨著這個印象在兩人心中默默發酵，一定能漸漸使彆扭的情緒強制消失。

接受善意舉動的一方，開始時可能會覺得「別煩我」，但也很難一直鬧下去。畢竟「接受體貼」的事實和「視若仇敵」的心態並不協調，會在腦中引發混亂。

小時候，我們之所以會故意對父母鬧彆扭說：「就說我不要啦！」是因為我們想「維護自尊」，覺得「人家稍微溫柔一點就和好的話，簡直就像被收買一樣，遜爆了」，只不過，任憑我們多麼頑強、主觀地跟父母抗爭到底，終究戰勝不了大腦企圖讓資訊達到協調狀態的強力運作，然後在不知不覺間卸下心防，評估開口說「抱歉」的時機。

當你做了「體貼他人」或「攻擊他人」的事情時，你都可以用行動和言語來做調整，利用大腦的強制力，先從改變自己的情緒做起。如此一來，想必能更加謹慎地斟酌自己的言行舉止了吧？

18

(大聲指責別人，自己會更不開心)

　　前面談到，我們的心情會受到自身言行舉止的影響而改變。比方說，假如我們身體的一部分——表情肌因為生氣的情緒變化而扭曲，我們的心察覺到這樣的「身體變化」後，會做出「表情肌在緊張＝要表現生氣」的判斷，結果讓我們變得更不悅，累積更多壓力。

　　在「由身體向心靈傳遞」的運作下，我們稱為「飛鏢效應」。如果你是擔任主管或身為父母這種必須隨時提醒部屬或子女的角色，可以說相當吃力不討好。

　　畢竟，光是語氣不悅地警告：「這裡很髒，給我收拾乾淨」，我們的不悅指數，反而會上升到比開口之前

高。於是形成了下面的迴力鏢效應：①因髒亂不開心→②用嫌惡的聲音和表情提醒部屬或子女→③大腦因產生「對方非我族類」的錯覺而緊張→④感覺更糟……。

像這樣，只說過一次的話或身體變化，都具有一種力量，能對心理狀態引發一陣又一陣地漣漪，而這股力量在佛教中稱為業力（karma）。

所以，即便我們不得不提醒部屬或子女時，最好以不產生惡業迴力鏢為前提，以溫和的方式傳達表情、聲音或談話內容，盡量顧及對方感受。

由此看來，我可以明白為什麼女生動不動就交換禮物的理由了。

女生之間的人際關係，很容易陷入剪不斷、理還亂的敵對狀態。所以她們才會想透過互送禮物，來讓心靈感受到對方是自己人，減少相處壓力的方式，以累積一點善業。

19

（ 別被大腦過剩的防衛機制而樹敵 ）

「那個人究竟是敵人還是朋友？」遇到一個剛認識的人，我們的大腦總想區分眼前的人是敵是友，這個判斷可說是非常草率。

我把一些足以證明大腦的這種分類做得有多粗略，一一列舉證據。下面就舉幾個我能想到的例子吧。比如有位女性被交往對象說：「你的皮膚今天看起來狀況不太好欸！」明明是關心，可是女生卻莫名不開心了。箇中原因在於「指出自己缺陷的對象或許是敵人」，而引發大腦過度的防衛反應所致。

又或者我們好心說要幫忙，對方出於好意婉拒，但

我們心裡卻感到不舒服時。如果對方表示「您的好意我心領了」後，自己卻有種被拒絕而情緒低落的話，也是由於下意識地做出「或許是敵人，才不肯接受我的好意」的判斷所致。

　　人類的大腦設計就是這樣，明明可以很坦率和開心，卻會刻意找出一個根本不存在的「敵人」來讓自己感受壓力，弄得渾身不自在。人類終究是動物，時刻都在警覺周遭敵人並保護自己，這是一項自然的機制，但在人類身上恐怕太發達了一點。

　　希望你牢牢記住這點，每當心裡開始不爽時，提醒自己「這只是大腦的樹敵錯覺、只是錯覺」，藉此迅速找回平靜。

　　相反地，面對那些真正該提高警覺的人，如別有居心接近你的業務員，親切地東一句「董事長」西一句「老師」叫個不停，差一點讓你卸下心防時，我也希望你有保持超然認知的餘裕，明白這只是大腦區分出「自己人」而已。

　　有時我們要懂得用「大腦只是錯把對方當自己人罷了」來輕鬆帶過，讓自己維持內心平靜。

20

(太渴望被認同，才會無法好好說話)

　　要讓一個興高采烈地滔滔不絕的人瞬間臉色一沉，其實不必說什麼難聽話。

　　只要我們刻意地不停看時間；無聊地打哈欠、東張西望；有手機的人，還可以拿出來收收郵件……

　　光是這種小動作，就能讓對方產生一股莫名的焦慮，講話也開始結結巴巴。當我們接受到別人釋放出「我沒在聽」的訊號後，往往會突然「呃……」地尷尬起來，很難繼續說下去。

　　其實我們所有人都是膽小鬼，一旦少了那種自己的

存在「被聽見、被認同」的安心感，甚至連話都說不好。

　　我想正因為這樣，才會有一些諸如「與人交談時，要看著對方眼睛說話」、「隨聲附和」、「點頭回應」等心照不宣的社會禮儀。這可是我們這些膽小鬼給彼此的安全保障。

　　所以我們會發現，深諳採訪之道的記者、主持人，想從名人口中問出精彩答案時，都會稍顯誇張地說「原來如此！」「沒錯！這是這樣」等回應，否則萬一受訪者的自尊欲求（虛榮心）沒有得到滿足，就什麼都問不到了。

　　正因為這份自尊欲求和虛榮心，當我們有事找人商量時，內心多半只希望對方「點頭認同就好，別給任何意見」。所以就算對方好心給了意見，我們也可能因此不太高興，認為「對方沒接住我的情緒」。至於如何根治這種潛藏的膽怯心態，就留待下一篇探討吧。

21

(傾聽自己的心聲，讓心平靜下來)

　　我們都希望別人無條件就能理解自己，傾聽自己。這種欲望過於強烈，導致大家在交談時都聽不進別人說的話，只希望別人聽自己說……。

　　我在上一篇描述的，其實是一種現代社會的慘況。然而，如果願意傾聽的人只能「嗯嗯、這樣啊」的附和，等同於把人貶低成了一台只要點頭就好的應對答錄機。

　　如此一來，總是被迫傾聽的一方，會因為「被利用」的感覺而心煩意亂，心也將慢慢離你遠去。

　　不論是想找人聽我們發牢騷也好，商量煩惱也好，

還是想向人炫耀也好，為什麼我們會如此想找人傾訴、獲得認同呢？這是因為我們不願聽見自己的心聲，換句話說，這股寂寞來自於我們斷掉了和自己的連結，所以才會拚命想找人聽我們說話。

舉例來說，當我們遇到「餐廳的人送錯菜，提醒店家後竟然連一聲道歉都沒有」而想找人抱怨時的情況。我們期待對方用一句「這樣啊？真過份，很委屈吧」這類回應來接住抱怨。然而，就算得不到他人的理解，只要能接住自己的情緒，對自己說聲：「沒跟我道歉的感覺真難受啊」光是這麼做，就足以舒緩不滿情緒了。

難過的時候，先傾聽自己的心聲，低聲安慰自己「你因為這件事覺得很難過吧」；生氣的時候，同樣傾聽內在聲音，對自己說一句「你因為那件事覺得很火大吧」。

我們要像這樣，先主動去傾聽自己的心聲。這是佛教中一項很重要的修行，當你去傾聽自己的內在情緒，內心便能覺得如釋重負、回歸平靜。

第 **2** 章

↤ **別輕易動怒** ↦

22

(檢視老是引發自己怒火的原因)

「匡噹！」小孩推倒了椅子，媽媽反射地發怒，用同一句老話痛罵：「你又來了！連這點小事都做不好！你不知道很危險嗎？給我把皮繃緊一點！」全天下所有為了孩子達不到期望而煩心的母親們，很容易像這樣，把怒氣出在孩子沒做好的行為上。

仔細想想，當我們被責備「沒做好」，而惹人不快時，就會覺得自己的存在被全盤否定了，此時很容易被難過的情緒所淹沒。相反的，如果是因為自己的貪念或惡意而惹別人生氣時，因為一時嘴饞而偷拿了零食；嫉妒朋友太優秀而欺負對方……等，即使是已經被對方罵到臭頭，我們會覺得，別人生氣也是應該的。

然而，人生下來都是有缺點的，比如常常忘東忘西、做事缺乏計畫、笨手笨腳或拖泥帶水……等，當我們因為這些沒有惡意、自己卻無法改變的愚昧而挨罵時，就覺得受到了莫大的攻擊而備感痛苦。

　　事實上，這已經不單只是孩子的片面「感受」問題，而是父母對孩子的舉動，成為實質的攻擊行為。因為父母想透過控制，來讓孩子照自己的意思來改變那些壞毛病，而這股「控制欲」，都會在每一次面對孩子的無法改變時，因強大的挫敗感而化為一股怒氣。

　　我們不妨透過這個例子，來檢視一下自己發怒的「沸點」在哪裡。

　　假如我們連旁人的無能或笨拙──這種煩惱都受不了，那麼你的怒氣沸點也實在太低了，大概就和富士山上的熱水沸點差不多（高山氣壓低，故水很容易沸騰）。但如果你能對旁人的無能和笨拙一笑置之，卻對惡意犯下的錯無法原諒，那麼你的怒氣沸點算是有守住平均水準吧。

23

別為他人的愚蠢而生氣

　　前面提過，發怒沸點太低的人，即便是他人的無心之過也會斤斤計較、一不順心立刻大動肝火。

　　這是對於他人缺點過於敏感的結果。此處指的缺點，其實可以視為「煩惱」的代名詞。我們之所以生氣，通常是因為察覺到他人的貪婪（欲望）、攻擊性（憤怒）、愚昧或無能（迷妄）等煩惱而動怒。

　　其實，愚蠢是一種內心混亂失序的表現。所以就算一不小心招致失敗的結果，或者做出冒犯失禮的行為，只要背後的動機不是因為貪婪或攻擊性，通常會以「這也是沒辦法的事」來看待。這種重視心境動機而不問

結果的思考角度，有人稱之為「心志倫理」（ethic of conviction）。

與此相對的是「責任倫理」（ethics of responsibility），意指雖然動機不壞，但只要結果是以失敗收場，就該受到責難的觀點。

我無意探討兩者孰對孰錯，只是想指出，用責任倫理來評斷他人，自己更容易陷入心緒混亂的煎熬中。換句話說，如果我們對那些毫無惡意，純粹出於愚笨或無能而失敗的小孩或部屬，都忍無可忍到大發脾氣的話，那你永遠氣不完，也沒空好好沉澱內心。畢竟人類就是一種會犯錯的生物。

不曉得是幸或不幸，我向來是個迷糊天兵，常因為搞丟東西或搞錯約定日期而挨罵。所以希望各位記住「對沒惡意的愚蠢而生氣，反而是自討苦吃」，放我一馬（微笑）。

24

嘴上說「不用做」，
其實是「想要你這麼做」

「沒關係、沒關係，你已經夠忙了，不做也沒問題。」

這句話乍聽之下是挺客氣的，卻在不經意中，就讓對方面臨到一個難題——究竟是真的「不用做」，還是「嘴上推辭，但實際上希望我堅持去做」？實在是太難猜了。

哎呀！要是真的回答「那我就不做囉！」根據經驗，對方一定會不高興。由此可知「不做也沒問題」基本上是一句謊話，而且是「希望你去做」的暗示。

這種典型的案例要多少有多少。例如對另一半說：
「要是你很忙的話，不去也沒關係！」（其實是暗示你，
為了我再忙都該說：「不，我想和你一起去」才對！）

　　或者孩子對爸媽說：「不用了，我不要了。」（其
實是暗示你＝雖然說不要，但如果你說「買給你」的話，
我就勉強收下囉！）

　　又或者聽到交往對象的手機鈴響時說：「有訊息
欸！你不看一下嗎？」（其實是在暗示：「和我在一起
的時間更重要」的態度，你應該要說聲「沒關係，我等
一下再看！」）

　　哎呀！類似例子數也數不完，要是沒仔細聽懂這些
充斥生活中的暗號，一不小心就會惹人不開心，真可
怕！阿彌陀佛、善哉善哉。

　　反過來說，我們是否也曾在不經意間發出這種暗
號，並且因為別人沒有正確解讀而鬧脾氣呢？希望我們
都能放棄這種拐彎抹腳的暗示，坦率的表達想法，從
「你猜我我猜你」的煩惱中解脫。

25

(「算了！」「夠了！」背後隱藏的玄機)

「如果你們不想做的話就算了。好啊，你們可以退出這個專案了」。當主管這樣發飆時，如果你的回應是「好，那我們退出」，當然不是正確答案，而且還會火上加油。

「不！我們很想做，請再給我們一次機會」這種回應，才是主管心中的正確答案。之所以放話要你「退出」，其實是一種以退為進的暗示，希望對方回頭求自己「再給一次機會」。

「算了！」這句話通常是期待別人深入解讀而採取的手段。

透過迂迴暗示來使別人屈服的想法，其實有點幼稚。人之所以養成這種暗示性的說話習慣，是因為他們小時候往往只要用「算了」來鬧彆扭，父母或朋友就會因覺得困擾而屈服，這些記憶從此成為一種業力，烙印在他們腦海裡。

這樣看來，各位應該可以明白：不管是看似風度翩翩的紳士或任何認定「我才沒可悲到用這種暗示」的人，其實私底下都有幼稚的一面，會用拐彎抹角的暗示來找人麻煩。

迫使別人解讀自己的暗示，說出「不，請讓我做！」的作風，會給人一種「我可以控制他人」的全能快感。不過，這種動腦遊戲只會讓自己在現實中被當作「任性又難搞」的人，既惹人厭也得不到他人的尊敬（假裝尊敬倒是有可能喔）。

因此，每當我們想釋放出鬧脾氣時的暗示，準備脫口說出「算了」，要好好認清自己為什麼會這樣想，告訴自己「這是出於一種想給對方找麻煩的幼稚心態」，並打消這個念頭。

26

(對他人不滿，是把對方與自己的
煩惱串聯起來)

「這個我無法原諒，煩死了。」

我們會基於各種原因對別人生氣，讓自己心煩意亂。然而，當我們試著冷靜分析對方有什麼不可原諒之處時，會發現問題往往出在對方的煩惱上。

比如「他那種不甘不脆、不懷好意的講話方式讓我好火大」，代表我們難以接受對方在「憤怒」方面的煩惱。

「政治人物或政府官員的不法獲利行為，有夠討厭」，則是無法原諒對方在「欲望」方面的煩惱。

「我很生氣那傢伙總是因為由猶豫不決而失敗」，這是無法諒解對方在「愚昧」方面的煩惱。

這裡列舉的「憤怒、欲望和愚昧」三種煩惱，是佛教用來分析人心的基本要素。我們之所以對他人感到不快，是因為將自己的怒氣與他人的憤怒、欲望和愚昧產生了連鎖反應。

因為我們能夠敏銳地察覺他人的煩惱，所以會毫不留情地回敬怒氣。

被人訓誡時，會不耐煩地找藉口反駁，是因為察覺到教訓自己的人身上帶著憤怒（攻擊性）。我們會對他人的違背承諾、說謊感到生氣，則是因為察覺到對方把欲望擺在第一位。無法接納他人的失敗，也是因為察覺到對方的愚昧而火大。

所以我希望，當你感到「不可原諒、很生氣」時，要對這種煩惱的連鎖反應有所自覺。「原來我是因為他的生氣而生氣啊」、「我是在氣他的自私啊」、「為什麼要為了不相干的愚蠢生氣？」等等。只要找出原因和結果，參透當中的因果關係，就能不被他人的情緒牽著走。

27

認識煩惱的連鎖反應，保持心平氣和

我在上一篇提到我們對他人生氣時，是因為察覺到對方有：①憤怒（攻擊性）、②欲望（掠奪性）、③愚昧（無能性）這三種煩惱之一。而這三種煩惱也會在我們心中產生「討厭被迫面對他人煩惱」的念頭，讓自己因憤怒而帶來的**煩惱**和對方產生了連鎖反應。

這三種不耐煩當中，最好理解的是「因為別人生氣而生氣」這點吧。畢竟遭到他人批評或攻擊時，通常會讓我們感到生命備受威脅，進而引發怒火這項動物性防禦本能。

再來就是欲望了吧？他人的欲望，會使我們應該得

的那一份減少。比方說，當他人坦露自戀欲望，對你自吹自擂時，就會讓你因為應得的「尊重」被剝奪而煩躁不已，儘管你並沒有任何實質上的損失。那麼，面對他人因愚昧而不慎造成的疏失時，我們感到的不耐呢？或許間接造成一些困擾，但實質損失並不大。

這些都可以當作衡量自己平日有多「易怒」的壓力量表。比如，「對他人的攻擊性而煩躁時」，易怒程度設為一分；「今天莫名覺得另一半自顧自的說話內容很煩」這種無法接受卻又不至於造成傷害的欲望，易怒程度為兩分。

或者遇到像是「那個人願意幫忙是很好，但完全不照指示做」，你很難真心感謝卻又心生怨氣，只是因為他人的愚昧就不高興時，易怒程度為三分。

明明沒有實質傷害，卻仍然感到不爽時，不妨提醒自己：「你又要生氣囉！」來轉換心情。

28

「你不對我好，我也不對你好」 的爭執沒有意義

「你最近都毫不在乎地放我鴿子，這樣我下次也不客氣了。」

這就是所謂的「以牙還牙，以眼還眼」。人與人相處，剛認識時會為了討對方歡心而努力，遵守約定、親切有禮，簡而言之，就是盡量尊重對方。

不過，這種**努力尊重**遲早會疲乏，尤其當雙方關係親近、熟絡之後，任誰都**很難再努力下去了**，對吧？

以前會遵守約定，現在越來越不當一回事；以前會噓寒問暖，如今卻難得聽到貼心話語了。

如此一來，我們很容易認定對方「不再尊重自己」。人常常以他人如何對待自己，產生身價上升或下跌的錯覺。因而將「不再受到尊重」與「對方害我身價下跌」劃上等號，悄悄埋下記恨的種子。

　　既然對方不再付出尊重或關照，只有自己單方面重視對方的話，自然會有熱臉貼冷屁股的感覺，進而出手報復，因為「我也不想再尊重你了，拉低你的身價才公平」。

　　然後，對方也會因為「身價被拉低」而受傷。為了報復，又再度降低對我們的關照與情意，讓雙方關係淪為一場貶低大戰……。越緊密的關係，越容易陷入這種惡性循環，請務必留意。

29

接收好意時，要提醒自己「諸行無常」

　　「被主管稱讚了，看來自己還算受到重視」、「工作出了紕漏，我覺得我的價值降低了」、「另一半終於送了我一份用心準備的禮物，我覺得我的價值提升了」……

　　由此來看，人類這種生物很膚淺，眼裡看到的盡是自我價值的高低。其實這裡藏著一個很大的陷阱──因為人很難單靠自己就能確定「我可是很有價值的喔」，非要透過他人給予的尊重、重視，甚至特殊待遇，才會認定自己很有價值。

　　也就是說，我們會過度依賴他人給予的情意與評

價，是因為想要提升自己的價值。

但就如前面提到的，我們不見得隨時都能博得他人的好感與關照，這些往往會隨著時間慢慢減少。

「之前都會稱讚我，最近卻不認同我了」、「訊息回的越來越敷衍」……，如果出現這種想法，那麼你之前因為讚美和關照而提升了多少身價，如今就會轉化成多少怨懟，記恨對方拉低了自己的身價。

因此，受人禮遇就覺得「我超有身價，耶！」而開心的話，若考量到這些待遇終有減少的一天，我們簡直是在身上安裝了一顆身價下跌時，便會引爆怒火的不定時炸彈。

要防止這種情緒「震盪」，最佳的特效藥就是在受到善待時，更要提醒自己諸行無常、放下執著，不要得意忘形，而是謹記「這些善待都是一時的，總有一天會成為過去」。

30

為什麼長大後，仍會因父母說的話而困擾？

「這種想法怎麼看都很奇怪吧？你怎麼好意思去教別人啊！」

最近父母對我說了這句話，讓我當下怒火攻心，後來我觀察這股怒氣一陣子後，突然有所領悟。這股怒氣的內容，表面上是不滿父母說話太傷人，但深層的理由是我感到一股「被父母否定，存在受到威脅」的脆弱。

我明白自己面對這種狀況時，總是忍不住想盡辦法要反駁這些否定話語，例如回說：「我已經盡力了」、「你沒資格那樣說我」。我正是因為害怕被否定，才急著想去反擊而生氣。

沒有人喜歡被否定，就算批評你的人不是父母也一樣。然而，我經常聽到有人說，父母那些不中聽的話特別有殺傷力。

　　我們還是無力謀生的幼童時，父母有能力左右我們的生死。於是「被父母否定，會威脅自己的生存」一事，深深烙印在我們的心上。

　　仔細想想，即使長大成人、脫離父母的控制，一旦心中刻上「被他們否定會威脅到自己的生存」之後，不論活到幾歲，仍然會對父母那些不中聽的話反應過度。

　　於是生活便充斥著「父母說幾句話」→「孩子就生氣」→「雙方吵得不可開交」的戲碼。記得，當父母一句話把我們惹毛時，要留意背後的原因，其實是隱藏著那個仍受到父母的束縛而恐懼的心。一旦你了解憤怒的真面目，心情將會輕鬆許多。

31

「想要家人乖乖聽話」
是不幸的根源

「真是的！我辛苦煮好飯，叫了也不馬上來吃，結果飯菜都涼了啦！」這種臭罵另一半或小孩的場景，在生活中四處可見。

這份不滿的背後，其實藏著「想要家人乖乖聽話」的控制欲。這股控制欲越強，就算家人只是沒有遵守規定好的洗澡順序或時間，便可能突然歇斯底里，大吼「還沒好嗎？」「到底在摸什麼，趕快給我去做！」等等。

重點是，即便稍微打亂了洗澡時間，也幾乎不會造成任何損失，但若因此心生不滿卻會造成嚴重的精神損

害。不只是讓自己的渾身緊繃，也會促使遭受這股怒火波及的另一半或孩子不住反擊。比如孩子會兇狠地回說「老太婆！只不過是洗個澡，你沒權力剝奪別人的自由」，甚至因此爭吵不休。

雖然只是一個簡單的例子，事實上卻反映了會發生在家人之間的精神性權力鬥爭。父母拚命讓孩子乖乖聽話，孩子則在能力範圍內，為了不被剝奪自由而全力抵抗。

在家人這個封閉的領域當中，往往會為了提高自己的地位，而想藉由取得控制權來貶低對方。如此一來，夫妻或親子之間，便成了相互爭搶權力的對手了。

當我們越想讓人乖乖聽話時，就越容易捲入家人的權力鬥爭中，導致雙方一同陷入不幸。嗯……家人之間還真是麻煩啊。

32

(把「可是……」放在心裡)

　　我在上一篇提到，家庭裡往往充斥著家人之間的權力鬥爭。

　　舉個比較好懂的例子，例如婆媳之間容易對打掃方式、如何擺放鍋碗瓢盆等家務產生意見分歧。「希望妳把鍋子疊在這裡」、「可是我覺得不要疊起來比較容易乾」……這個「可是」中所包含的意涵，已經不僅僅是單純擺放鍋具的問題了，而是針對婆婆控制慾的反抗，雙方關係於是變得僵持不下。

　　又或者有個喜歡丟掉多餘物品，以保持家中清爽的人Ａ，和一位因不愛浪費而老是堆積物品的人Ｂ組成家

庭的話，那可就糟了。對 A 來說，把多餘雜物丟掉，維持家中清爽才是最明智、**理所當然**的選擇；但對於將存放物品視為**理所當然**的 B 來說，A 的行為叫做浪費。

因此，當 A 問：「這個可以丟掉嗎？」的時候，B 恐怕不只會回答「別丟」，還可能帶著怒氣質問：「什麼都要扔掉，你不覺得浪費嗎？」「這不是你一個人的東西，你憑什麼扔掉？」。由於 A 和 B 都被自己的「理所當然」困住，想強加自己的價值觀在對方身上，導致雙方發生衝突。

如何才能避免為了較勁而捲入這種無謂的爭論中呢？秘訣就藏在我最初舉的例子中，別把「可是」說出口。

下次當我們遇上別人的「理所當然」，而想藉著「可是」來維護自己的立場時，不妨先以「原來如此，我考慮一下」等說詞來安撫對方，等氣氛稍微冷卻後，再伺機而動。

33

（ <u>「怎麼可能！」的傲慢及狹隘</u> ）

　　「怎麼可能！」（ありえない）這句像是慣用口頭禪的語句，大概是從我高中時開始流行，距今約十五年前。這句話如今早已成為日常用語，例如我們會說：「這是什麼？怎麼可能！」全面否定對方的同時，又有一點把人當傻瓜的意思。

　　再舉幾個例子。在正常情況下不會出錯的簡單任務，部屬偏偏犯了錯，上司得知後說了「這麼簡單都能搞錯？怎麼可能！」；或者是在大家歡笑的場合時，突然有人聊起自己的傷心事，因為不懂得看場合說話，可能會引起別人笑說「怎麼可能！有這麼不會看場合的人嗎？」；還有看到電視新聞報導的駭人犯罪，有的人也

會覺得「怎麼可能會發生如此恐怖的事？」。

從字面上來看，「怎麼可能」可以解讀為「這不可能發生」，甚至更進一步說是「不能發生」、「離譜到根本不應該發生」。

由此來看，就不難明白「怎麼可能！」這句話聽來帶有一絲傲慢的原因了。因為其中隱含著「該發生什麼事和不該發生什麼事，全部都要依我心中的常理來判斷。別人和世界都應該遵循我認定的常理」之意。

正是這份傲慢，才會讓我們用一句「怎麼可能」來拒絕眼前發生的事實，進而讓我們的心態變得不寬容、不耐煩。然而，現實永遠會超乎想像，發生各種可能性才是理所當然。世上會發生地震，也會發生火災，還會有犯罪、背叛，更會發生不公平待遇、核災與戰爭。

如果我們能改變既定的偏見，重新看待這個變化多端的世界，豁出去承認「一切皆有可能」，那麼，我們的內心就會變得更加強大。

34

(犯罪、災害和背叛，皆「有可能」發生)

　　當別人的言行舉止違反我們心中的常理時，我們會用「怎麼可能！」來表達驚訝並加以否定，來增進心中的優越感。從政治人物的失言，到另一半沒遵守承諾等，都讓人大嘆「怎麼可能！」。會說這句話，其實是在告訴自己：「我非常通情達理，跟那些沒常識的人不一樣。」

　　親鸞上人[1]在《歎異抄》中，則留下完全不同的見解。他曾說過一段話，大意如下：「人不殺生，不是因為心地善良，而是因為碰巧生出生在優渥的環境，所以不必靠竊盜或殺生便能活下去。倘若置身在特定的環境或精神狀態下，恐怕也會做出竊盜、殺生之事吧」。

這個故事，始於親鸞上人問弟子唯圓：「你願意聽我的話嗎？」弟子回答：「無論您說什麼，我都會遵從」，親鸞上人聽到回答後表示：「那你現在去殺很多人」，弟子說：「我辦不到」。後來，親鸞上人講述：「看吧，你分明說『我都會遵從』，最後卻做不到。然而，這不是因為你的心地善良，而是你碰巧處於一個『不必殺人也無妨』的精神狀態下罷了」。

　　在親鸞上人眼中，想必再冒失的發言、任意毀約，甚至異常的罪犯，都不存在「怎麼可能」，而是「一切皆有可能」。他認為人內心身處都藏著一旦情況生變，便有可能為惡的種子，自己只是因為恰巧活在不必那麼做，便能度日的幸運環境下而已。

　　只要知道「自己也會犯錯」的潛在可能性，我們就能拋開「怎麼可能！」的念頭，心生對他人的寬容和體貼了。

1　〔編注〕親鸞上人（西元 1173 ～ 1263 年）建立淨土真宗。在明治維新前，淨土真宗是日本唯一允許僧人結婚與食肉的佛教教派。（參考維基百科）

35

（ 道歉時別找無謂的藉口 ）

「你老是不好好聽我說話，真讓人生氣！」當我們遇上這種責備時，內心馬上會因為啟動防衛機制而渾身緊繃。

如果對方繼續不停的抱怨，對你說出下面這句話，你會作何感想呢？

「我那個時候明明都這麼難受了，你也是冷冰冰的。真是一點都不體貼……」

為了保護自己，我們會想反駁說：「你自己還不是一樣！」這種情況下，若對方本來就打算找碴了，衝突

可能一觸即發。這種準備開戰的言語一旦說出口，即使為了安慰對方道了歉，也會引起出乎意料的麻煩。

比方說，就算我們表示：「對不起啦，我想你說的沒錯，下次會小心」。原本簡單一句就夠了，但我們往往忍不住另外添上出畫蛇添足般的說明：「不過其實只有這次不一樣。我是真的因為工作太忙，才沒有多餘的心力照顧你」。

我明白補充說明目的是想澄清對方的誤會，可惜大多時候只會得到反效果。對方會解讀為「都道歉了還想另外找藉口」，而更加怒不可遏，甚至進一步窮追猛打說：「好啊！這次或許是特例，那上一次呢？……」。

因此，當對方正在氣頭上時，即使所說的內容有錯誤或曲解，我們都要拋開想去「糾正」的念頭，放下計較的欲望。倘若我們下定決心要以道歉、和解為首要任務，那麼即使對方的發言多少有些不對勁，也要「戒急用忍」，少說幾句，真誠地看著對方的臉，沉著地點頭回應即可。

36

(放下「想被正確理解」的欲望)

前一篇談到,當別人正在怒火中燒時,而不留情指責我們時,找藉口搪塞是火上加火的行為,其實,只要好好道歉就夠了,不必再說多餘的話。但如果我們覺得對方是真的「搞錯了」,比如「我明白你想說什麼,但邏輯或舉例並不正確」時,又該怎麼辦呢?

比如有人對你發脾氣說:「你怎麼每次見面都遲到?而且理由總是那麼自私,說什麼『買東西忘了時間』、『電話講太久』等等,氣死我了!」

聽到這種話,我們會想挑出其中錯誤,像是上次見面沒遲到,這次是電車誤點等等。於是我們在道歉後,

忍不住用「可是……」補上如：「可是我記得上次沒遲到」、「這次是電車延誤，我沒有總是很自私」之類的澄清。

然而，這些澄清跟藉口沒兩樣，會讓對方產生被糾錯的錯覺，進而更加情緒化，怒斥：「幾乎就是每次了吧！！」

人往往容易陷入慣性思維，認為：「既然我都先讓步道歉了，你也應該聽我解釋一下吧。於是，面對聽不進任何辯解、繼續發火的人，我們也會跟著怒火上來，覺得「我已經道歉了欸，你還想怎樣」。此時，大腦此時受到「追求正確」的意所念侵襲，滿心期盼消除別人的誤會，被「希望對方了解」的欲望所矇蔽。

發現這個問題之後，應該暫且擱置欲望，以平息對方怒火這個實質利益為優先，用「即使被誤會也無妨」的勇氣來面對。

37

（ 每個人都渴望被理解，卻無法互相理解 ）

我們暗自懷抱的各種欲望當中，對於「希望有人能真正了解我」的渴望格外強烈。

下面舉個例子，說明即便只是微不足道的日常互動，也能明顯看出這種欲望。有一天結束工作之後，合作方特地過來問我：「演講了這麼長的時間，很辛苦吧。想必您一定累壞了？」但而我卻回答：「不會啊，我一點都不累。冥想進行順利的時候，不容易感到累。」

這只是因為我認為那句「您一定累壞了」是誤解，而想向對方澄清，強調自己其實精神很好的反應罷了。

然而，我脫口說出這一句「不會啊……」之後，對方往往會因為猜想未獲接納而感到掃興。對方找我搭話的主要目的，只是想表達「我在關心你」的訊息。至於我「是否真的很累」並非重點。

　　這種辜負他人好意的行為，是因為陷入了「請理解我」的毛病中，不自覺辜負別人的好意。比如有人對你說：「記得你喜歡鳥……」但你卻回答：「不，不是每種鳥都喜歡，我喜歡的是鴨子和孔雀」。

　　人與人之間的溝通，大多就是因為這種打斷對方的行為，而讓彼此錯過了交心的機會。而且我們往往只想要對方了解自己，卻無意多了解對方的緣故。

　　這恐怕是源自大腦的研判，唯有他人正確地了解自己的狀態、興趣和個性，才能得到更適當的對待，因而我們才極力尋求他人的了解。這樣看來，大腦還真是不擅交際啊！

38

（ 高呼正義的人格外可疑 ）

　　這一篇來探討一下我們心中的善惡、優劣等觀念的一些疑點。

　　先來舉個例子吧，像我以前其實對運動抱持一種很消極的看法，認為運動很野蠻，在電視上看別人運動還投入感情，一下開心一下難過的行為也視為野蠻。

　　然而，當我回顧自己小時候，驀然發現還曾一度很認真地練習棒球和躲避球，但都沒有達到一定水準，進而萌生了挫敗感。

　　剛開始我還為了更進步而奮力練習，所以我也曾有

過「會運動是好事」的觀念。不過,對一個身體虛弱的少年來說,長期處於不擅長這件「好事」之下,逐漸產生矮人一截的「自卑」感。

為了消除這種感覺,我才轉而認同了完全相反的看法:「運動本來很野蠻,熱衷運動的人都很差勁」。結果,我以「對運動不屑的自己很了不起」的心態來保有自尊。

這種做法,簡直跟弱者擅自修改遊戲規則,來讓自己獲勝一樣。而敏銳地看穿弱者這種卑鄙劣根性的,正是哲學家尼采。

尼采在他的著作《道德系譜學》中提到,所謂「為別人好」的善良道德,其實是弱者為了顛倒價值,才塑造出「不考慮別人感受的強者是惡人,為別人無私付出的我們(弱者)才是好人」的觀念。若真是如此,那些高呼正義的人,就顯得有些可疑了。

39

（ 想提升溝通品質：先認真傾聽 ）

先前為了搬遷道場，而請了幾家房屋仲介幫忙找房子，過程中讓我產生了一些想法。

像是當我問仲介：「這塊地很潮濕，沒問題嗎？」對方卻回答我：「恰恰相反，這裡有其他地方都比不上的優點，所以才特別推薦給您」的回答，讓我瞬間感到五味雜陳。

回頭推敲我當時的心情，可以歸納成下面幾點：①仲介沒聽進我的話，還把話題帶向看似有關，實則毫無關係的話題上；②仲介為了消除我的疑慮，用「恰恰相反」否定了我的疑問；③我不明白仲介的「相反」是在

「反」哪件事。

　　其中，①和②是因為我沒察覺自己太天真，下意識產生「根本沒認真聽我說話嘛！」的洩氣感。哎呀！但認清自己的依賴心、設法面對，不是對方的責任，而是我的份內事。

　　另一方面，很多業務員是不是把「恰恰相反」用得太浮濫了一點？當顧客對商品或企畫有疑問時，業務員卻只想著推銷，不斷用「恰恰相反」來回應，難道不怕顧客覺得「這個人只顧者反駁，根本沒認真聽我說話」嗎？這種溝通讓人無法建立起信任關係。

　　這個道理不僅限於商務上。每個人都希望別人先好好聽自己說話。因此，先試著接納對方的投球，即使要回答的內容不利於自己，也該真誠回應。如此一來，必能提升彼此之間的溝通品質。

40

(先回一聲「是啊」，再說出看法)

　　幾天前，我在北鎌倉站下車，徒步前往淨智寺的途中，發生了一個小插曲，讓我切身感到好好「接納他人說的話」是一件多麼困難的事。

　　為我帶路的人突然開口說：「這一帶連在車站月台上，都能馬上聞到清新的草木香氣，對吧？」我接著回應：「是啊。不過走到這附近，空氣又更乾淨了呢。」

　　當下，我明顯感到對方很掃興。即便我的一句「是啊」看似有接住對方拋出的球，事實上根本沒回應到「連月台上的空氣都很好」這一點。想必因此給了對方一些缺憾，覺得我沒認真聽進他說的話。

隔天，我以這件事為例，在演講中分享「打算立刻回應自己的看法之前，要先慎重地說聲『是啊』，接著停下一口氣，藉此領略對方想表達的意思」。

　　不料才剛說完，我就對著一位幫忙在書上蓋印章的人說：「謝謝你。啊，不過請盡量讓印章稍微壓在字上」。因為「謝謝你」和「啊」的間隔太短，以致於對方沒有接收到太多感謝之意，反而得到的否定感。

　　唉……，請將我的經驗當成負面教材，引以為戒吧。

41

（ 沒人傾聽的寂寞，日久將轉化成憤怒 ）

最近聽說，有位電車的司機遭到乘客施暴，事件經過大致如下：

乘客：「這班車有到○○站嗎？」
司機：「您想去什麼地方？」
乘客一聽到司機的話，聲音一下子高八度的說：「是我在問你問題欸！」

以這個情況來說，司機其實沒有無視乘客的問題，反而是為了想正確回答才進一步追問。但司機卻因為沒解讀到乘客希望「先回答我的問題」的情緒，而遭遇挫敗。

而且，司機可能整天都在面對態度蠻橫的乘客，難免累積了一些不耐煩情緒。這時他們回答乘客的語氣，往往會比較冷淡，或許才因此不小心觸怒了乘客。

　　誠如前面提過的，人人都希望別人「認真聽懂我的話」。然而，大家都只盼望「我的話」有人願意聽，卻不願認真傾聽「別人說的話」。

　　這種「沒人願意聽我說」的怨氣日積月累到最後，會讓人瀕臨極限……倘若此時碰巧遇上一個不願仔細傾聽的對象，可能就是壓垮駱駝的最後一根稻草。而這個不願傾聽的人，因而倒楣地成為發洩憤怒的出氣筒。

　　表面上看來是憤怒，但「沒人願意傾聽」的寂寞，才是背後的真正原因。希望我們都能深刻自省：是否自己常常只顧著單方面發表意見，而忽略對方的話，甚至無意間加深了對方的寂寞感？

42

（ 「假裝有興趣」很快會露出破綻 ）

　　關於上一篇提到的「大家都不願意聽別人說話」的內容，想必有不少人邊讀邊認為「自己有在認真聽別人說話」，對吧？不過，或許你在旁人眼中並不屬於擅長傾聽的對象。

　　說不定有人會跳出來反駁：「才沒有。我聽別人說話時，都會認真用『原來如此』、『這樣啊』來回應欸！」

　　嗯……好吧，就算會回應，但回應的時機太早、目光飄向他處，或者臉上露出「我其實不感興趣」的表情，那麼十之八九會帶來反效果。因為人在面對那些「假裝

感興趣，實際上根本沒在聽的人」，只會覺得上當受騙、心生不悅。

因此，如果明明不感興趣，卻還問人：「這次去哪裡旅行啊？」讓對方熱切回答後，卻只敷衍的回應：「喔……這樣啊」，還擺出一付「我是好心聽你說」的模樣，那可就大錯特錯了。

想必對方只會覺得「既然沒興趣，一開始就別問」，自認白費唇舌之餘，還可能為此惱羞成怒。

如果只是想耍點小聰明，藉著「提出幾個問題，向對方表示我有興趣」，卻沒有拿出真心聆聽的話，到頭來會讓對方傷心。

既然對方受了傷，以後也不再願意聆聽你說話了。所以下次因為受到傷害而惱怒的，可能就會是你自己。

第 **3** 章

別找藉口

43

為什麼別人被讚美時，
我們總是想反駁

　　接下來，我要花一些篇幅來探討嫉妒心。這個煩惱相當可怕，例如聽到有人稱讚某位自己討厭的熟人「很可靠，又有才華」時，你是不是很想反駁說：「才沒有呢，聽說那個人個性很差勁，最好不要跟他有太多牽扯」。

　　這句話的意圖是讓別人討厭對方。但是，對於已經大力讚揚的人而言，你口中的批評等同於一種否定，只會讓聽的人覺得不太舒服。

　　到頭來，不僅沒拉低嫉妒對方的評價，反而顯得心胸狹窄、愛說閒話，拉低了自己的評價。

那麼，是什麼原因讓我們總是見不到別人好呢？

在我看來，這是因為我們心中產生了一種錯覺，認為「只要他人的幸福度上升，他個人價值也會跟著增長。相對之下，自己的價值就變低了」。

以數字為例，當自己的價值為「十」，而原本價值為「七」的熟人，身價跳到「十五」時，我們的「十」就顯得沒什麼價值，因而覺得不是滋味；相反地，當朋友的價值從「七」降到「三」時，我們的「十」就顯得高人一等，於是別人的不幸，便成了我們心中的幸福感。

然而，這一切純粹是思考角度不同所引起的錯覺。說穿了，我們的身價其實一直都是「十」，並未有任何改變。

只要擁有這份的自覺，應該就能緩解嫉妒情緒，明白「別人的價值其實與我無關」這個事實。

44

(嫉妒是自然情緒，不必感到可恥)

　　以前曾經有人因為「嫉妒妹妹而覺得自己很沒用」一事來找我諮詢。原來是當妹妹搶先結婚時，自己雖然嘴上說著「恭喜」，心裡卻是嫉妒到不行。而且每次看到妹妹幸福的模樣，都覺得很難受。

　　當事人十分恐慌地表示：「我都已經快三十歲了，心眼竟然這麼小，覺得自己好丟臉」。

　　這裡的問題在於，當事人認定「嫉妒是令人感到羞恥的心態」。她覺得自己的想法很異常，所以一再地自我否定「嫉妒妹妹的自己很糟糕」。正因如此，她反而被這種想法抓得更緊了。

其實「嫉妒」只不過是一種人人都會有的煩惱，非常**普遍**。

尤其當對方和我們有許多共通點時，更有可能成為嫉妒的對象。所以妹妹這樣的存在會成為目標，也是**理所當然**的。當對方在性格、職業或境遇越與我們相似，而對方活得更幸福時，我們越容易產生「自己身價相對下跌」的錯覺。

眼看著和我們有共通點的人過得幸福快樂，而心生不悅是**再自然不過**的人類本能。

然而，因為我們很清楚「嫉妒」這種情緒會惹人厭，所以就算心懷妒意，還是會選擇隱藏起來，用一聲「恭喜」來掩飾。其實所有人都是用這種掩飾，製造出不嫉妒的表象罷了。

希望你能明白這種心理機制，更寬容、平和地看待自己的嫉妒心。

45

（ 別因為嫉妒而製造假想敵 ）

「嫉妒」是一種很麻煩的情緒燃料，嫉妒心的強烈
與否，與我們與對方的競爭強度成正比。

與一個我自己的例子吧，這個回憶至今想來還帶著
苦澀感。那是在我念小學時，當時我住在大阪，有位叫
做小武的好朋友，有一天他來家裡玩，我父母為了招待
他，說出：「小武，你喜歡吃大阪燒對吧？今天晚餐要
吃大阪燒喔！」

我當時覺得很不高興，因為我不並愛吃大阪燒，就
把氣出在小武身上：大聲的喊著：「我最討厭吃大阪燒
了啦！」（小武，真的很抱歉）。

當年我以為這純粹是「被迫吃討厭的東西而生氣」。但如今回想起來，才發現那是出於嫉妒心。因為對我來說那是一種比賽，想透過「煮我愛吃的東西」來向父母爭取更多的關愛。我無意間迷上了這個比賽，所以當父母要優先準備朋友愛吃的東西時，我便將他視為這場關愛比賽的對手。

我們的內心無時無刻不在汲汲計算「給對手的配比增加，代表給我的會減少……」。然而值得關注的是，上述案例中，小武其實根本不是我的對手。因為我父母不顧我的喜好，選擇以客人為優先，並非出於關愛，而是基於禮貌。

就算給朋友的配比增加，給我的配比並不會減少。但是，我們的心很容易因為被嫉妒蒙蔽，而把不是對手的人視為敵人，這點要特別留意。

46

(智者意重，毀譽不傾)

　　我常有機會宣講佛教知識講座，但和在寺院裡宣講相較下，我發現自己不太擅長為企業等機關團體講課。

　　之前，我應邀為某個團體的員工講解佛教知識時。剛開始有一段時間，我覺得根本沒有人在聽，瞬間覺得自己是對牛彈琴。

　　因為這種活動，多為機關團體強制所有旗下人員參加，所以並非每個人都是因為「想聽」而積極參與。當然了，會看到一些東張西望、露出百般無聊表情的人。於是，演講者也會因為擔心自己「不受歡迎」而緊張起來。不過，如果演講過程中，笑出來或點頭反應的聽眾

越來越多，演講人的談話便能更加得心應手。

　　仔細想想，我的這些反應，無非是一種「情緒受聽眾評價牽動」的脆弱。我會把「東張西望」解讀成負評，把「發笑、點頭」解讀成好評，而讓自信心搖擺不定，一下受挫一下振奮。

　　受到肯定時，人會因為得到「自信」的支持而努力奮鬥下去；一旦身處逆境，又很容易因為「不夠自信」，做任何事都碰壁。

　　如何面對我們內心的這份脆弱，釋迦牟尼佛說過一段精闢的教誨：「譬如厚石，風不能移，智者意重，毀譽不傾」，此為摘自《法句譬喻經》第八十一偈，意思是人應該內求智慧的開發，對人事物無所不能涵容，猶如一座寶藏一般。

47

（ 「修心」之前，要先「修身」 ）

　　不久前，我正在撰寫連載專欄用的文章時，赫然發現一個很諷刺的狀況：我手裡寫著「修心練習」，但寫作時卻心神不寧、滿身疲倦地書寫。

　　當時我既沒有為了什麼事情而被時間追著跑，也沒有什麼特別明確的煩惱。「怪了，明明沒事，為什麼還會這麼緊張、心神不寧？」左思右想之下，才發現「兇手就是我的身體」。

　　我提筆寫字時，肩膀會一直處於抬高的狀態。但那天我使用的玻璃桌，比平常用的桌子高，椅子則比平常低，所以提筆在稿紙上寫字時，手肘一定要往上抬，連

帶讓肩膀處於抬高的狀態。

　　如此一來，肩膀的肌肉就必須一直出力而變得緊繃。耐人尋味的是，原來不只有在內心硬撐或煩躁不安時，肩膀才會變硬，反過來也一樣成立。當肩膀先緊繃起來時，也會讓內心隨之硬撐或焦慮。因為大腦會因為肩膀僵硬，而喚起過往那些帶來身體緊繃的感受，導致心境在不知不覺間受到影響。

　　後來，我為了降低桌子高度，將桌腳的基座拿掉，讓手肘能妥貼安放後，肩膀終於舒緩下來，在神清氣爽的狀態下寫作了。

　　我們的心，就是這麼容易受身體擺佈。因此，佛教認為人在進入「修心」這個難關之前，要先從「修身」這個步驟開始做起。

48

（ 修身的基本功：只吃七分飽 ）

　　我在上一篇提到「修心」要先從「修身」開始做起。在釋迦牟尼的許多經典中，也多次論及修身之道，就在於飲食要淺嘗則止。

　　例如在《法句譬喻經》當中，有幾條簡單彙整佛教精華的要點，其中一項便是「食量要自制」。畢竟修行時若吃太飽，整個人很容易帶來昏沉睡意而無法集中精神。這也是我個人的體會，我曾在坐禪時，因為飽腹而立刻覺得心神渙散，當下才深切體會「食量要自制」的真義，這句話想必是為了直接防止我們心神散漫，確保精神敏銳的開示。

用餐最好只吃六、七分飽。吃太飽不僅會讓人迷糊，過量飲食也會造成腸胃負擔，進而影響心境，讓情緒容易煩躁或沮喪。我們的內心，就是如此容易受到身體的飽腹感左右。

　　飲食過量的人，為什麼吃到身體難受了還是停不下來呢？原因在於他們的生存需求（existence）失控了。在人體機制成形的原始時代，人類生存所需的營養成分相當匱乏，饑餓才是常態。為了提高存活率，人體納入了一種攝取到高卡路里便會大感欣快的機轉。

　　人體內部有一項機制，當醣類、脂質和蛋白質一碰到舌頭，大腦就會分泌欣快物質 —— 多巴胺（dopamine）。不幸的是，人類如今身處可以甜食油脂要多少有多少的環境中，因此分泌欣快物質的機制停不下來。為了避免掉入這個陷阱，使心靈變得遲鈍，不妨多嘗試「只吃七分飽」的練習。

49

（ 砂糖的高甜度，會讓情緒起伏不定 ）

　　我在上一篇寫道，當舌頭碰到富含甜味、脂質或蛋白質的食品，大腦就會分泌產生快感的多巴胺。

　　在遠古時代，人類的這種身體機制時代，讓我們優先吃下營養豐富的高熱量食物的確很有用。然而，在食物選擇過於豐富的現代，不管是甜的或油的，想吃多少都能輕易取得，所以很難抵擋對這種快樂的渴望。

　　正因為它原本是一套求生機制，所以人的大腦，會被追求甜食、油脂的快感支配，而忍不住吃太多……諷刺的是，這種飲食習慣，會引起肥胖和糖尿病等疾病，反而對健康造成威脅。

尤其人類還從食材中，精煉出純粹糖分，製造出砂糖，讓甜味直接刺激舌頭上的感覺受器，並在腦中生成強烈的快感。

　　這種精製糖類在消化、分解時會省略好幾個步驟，快速被身體吸收，導致血糖急速上升，並在短時間內帶來活力，不過隨著胰島素分泌，血糖又會迅速下降，產生空腹感。

　　這時身體就算本來不餓，但為了擺脫空腹感想再吃東西，而心情會隨著血糖的起伏而忽高忽低。若想避免這種情緒起伏的惡性循環，最好稍微減少砂糖帶來的強烈快感，改成仔細咀嚼米飯、地瓜、芋頭、栗子和南瓜等天然食材，慢慢品嘗食物本身的甜味。

　　不過我最近也有點鬆懈，有時會品嘗一點喜歡的日式甜點，如草莓大福、餡蜜等。但是，不論吃任何食物，只要像僧侶一樣，專心地細嚼慢嚥，大腦會分泌能保持心情穩定的血清素，幫助我們的心平靜下來。

50

素齋能抑制「快感」，
帶來「滿足感」

　　釋迦牟尼時期，佛教規定僧侶要靠化緣來取得所有食物，原則上拿到什麼吃什麼，不能多加挑剔。然而，中國並沒有布施餐飲給僧侶的習慣。由此推測，當佛教由中國傳入日本時，僧侶為了在不殺生的狀態下自給自足，便自己耕田，食用採收來的蔬菜製作餐點，飲食因而轉成了素食主義型態。

　　變化過程中，人們開始研究飲食對精神的影響，而修行者食用的「精進料理²」中，便完整形塑出其中飲食的智慧。像是食材的選用和調味等，都跟快速分泌多巴胺的飲食，形成了強烈的對比。素食料理的特點有：①不油膩；②頂多加入微量甜味；③不使用魚、肉等高

蛋白質食材，④口味清淡。

由於精進料理會嚴格控管甜味、脂質和蛋白質，這三種讓大腦產生欣快感反應的物質，所以不會讓人體內的多巴胺受體過度操勞。

過多的欣快感的會使這種快樂受體因過度刺激而出現麻痺，而由於人體內的欣快感太多，導致得不到滿足感而過量飲食——這正是現代人的寫照。唯有適度控制欣快感，才能緩解感覺麻痺的問題，一口一口地品嘗食物的滋味，並從中得到滿足。

或許因為明白這項機制，日本鎌倉時代著名的道元禪師在其著作《典座教訓》中，曾提到相關論述，謹意譯如下：「步入佛門，就代表餐食沒有好吃、難吃之分，一切都是同一種滋味。」

比起單純的快感，「平靜的滿足」才是真正的享受，建議大家每週和家人吃一次精進料理，仔細品嘗箇中滋味，如何呢？

2　〔譯注〕日本佛教食用的素齋。

51

(看再多網路訊息，也得不到滿足)

　　如果為大腦注入「快感」這種刺激的頻率太快、強度太高，那麼腦中的「快感」接收裝置就會麻痺，反而降低暢快感……而人越是無法獲得滿足，想要的也越來越多。

　　不斷膨脹的食慾也一樣。在我看來，加速「快感」生成進而麻痺人心的這一點，「雙向互動的訊息」可說是最有效。

　　「關注訊息」的作為能滿足人在自我保存（Self-Preservation）方面的需求，所以是能帶來欣快感的來源之一。但大多數的時候，若是跟自己無關的訊息，應該

116

不至於出現「三不五時想確認一下」的中毒症狀才對。

然而，由於網路上的互動是雙向性的，我們可以大量取得「別人對我發表的內容有何反應？」的相關資訊──亦即「別人怎麼看待我」的各種評價。

因為太想獲得「自我評價」，我們才會老是盯著電腦或手機，沉迷於留言、發文或頻頻檢查新訊息。一有人回應貼文或回信，我們就會獲得一股「有人願意理我！」的有力感，並在腦中注入一股刺激的快感。

再加上很多人是手機不離身，所以很容易持續刺激大腦。

相信大家都有這種經驗，在發送電子郵件之後，收到回信的速度越快，充滿刺激的有力感就越強烈。因此，我們等待回信時往往會有「快回、快點回」的期待，甚至以為「對方一定也這麼想，我可不能惹人不開心」，導致雙方的互動速度一路狂飆。這是陷入「自我評價」過食症，使感覺麻痺的第一步，渴求訊息帶來快感這件事，還真是可怕！

52

過度社交的「快感」，
同樣使人不幸

　　近來常看到連結、情誼（絆，Kizuna）等詞彙在各種場合出現，不禁讓人覺得要在現代社會嘗到真正的孤獨滋味，似乎是一件相當不容易的事。

　　那些繭居在家的青少年，乍看之下好像很孤獨，但只要一連上網，不論是否匿名，都能與身處各地的人有所連結。

　　無論何時何地，只要我們隨身攜帶手機，等同於擁有一種潛在、即時的機會，一想到誰就能夠立即聯繫上。換句話說，原則上我們二十四小時都處於被迫連線的狀態下。

當然，隨時連線也有好的一面。可是每當我們能輕易與人聯繫時，腦內將只顧著產生一種「有人回應的自己很有價值」的快感。我在上一篇也提到，正因為能即時、頻繁地透過網路連結享受連結的快感，過度的愉悅麻痺了大腦負責感知的機制。

　　依我來看，不論是用刺激的白砂糖來取代自然的甜味；或是隔絕自然的聲響，換成自己喜歡的音樂；或者用數位連結取代近在眼前的真人，本質都一樣。一切的一切都跟大腦尋求更舒適、直接且即時的快感刺激有關。

　　然而，生活中的「不幸感」並非來自缺乏快感，而是「快感過剩」已經麻痺了我們大腦。

　　人們會因為「連結」而感受到巨大快感，所以就心理健康而言，最好避免過量的即時性連結。下一篇將從佛典中汲取一些智慧，幫助我們「不過度連結」，以及面對孤獨的勇氣。

53

最好的休息方式：
切斷網路、設法獨處

　　不論是工作或交際，我們總要隨時留意他人的視線，不停地與許多人互動往來，最後拖著無比疲憊的身軀回家。即使打算躺在沙發上鬆口氣、好好休息一下，卻又拿起手機滑上滑下、邊看邊回覆什麼與人互動，這樣一來，無法達到深層休息，並真正讓自己歸零。

　　甚至在與自己獨處的時候，都要透過語言符號跟他人互動，使得現代人的大腦不停浸淫在大量的言語之中，因為**過度連結**而瀕臨崩潰了。

　　長期處於必須消化龐大訊息的情況下，我們的意識會因為集中到頭部，導致思路空轉而徒增疲憊。即便設

法遠離，也克制不住隨時想與人連結的念頭時，這種對他人的關注一樣會持續刺激腦神經，使其受到損害。

這種與人過度連結的狀態，堪稱人類史上頭一遭。很久以前，釋迦牟尼曾經開釋一段話，強調過度連結足以造成腦神經混亂。我將出現在《經集》中的這段話，意譯如下：「交往過甚，則情動意損。避情意之損，則應如犀角般獨行。」[3] 在文中還曾屢次提到「應如犀角般獨行」。

我們有時要遠離與人連結的快感，避免受到「他人視線」的強烈刺激所影響，讓亢奮的腦神經暫時緩和。

所以，偶爾關掉各種數位裝置的電源，專心地做些調整呼吸的身體活動，一旦遠離各種言語刺激，重新體現孤獨的感受，便能讓身心得到最好的休息。

3　〔譯注〕根據釋達和譯著之《經集》，應出自〈犀角經〉第 37：「對朋友親友有憐愍，心有所牽繫者失義利，當觀察親密中有此怖畏，應當獨自遊行如犀角。」

54

（ 戒掉說「不必回覆也沒關係」 ）

　　「如果不想回的話，不回覆也沒關係……」。我時常看到有人習慣在郵件最後，寫上這種看起來很缺乏自信的話。

　　其實我高中時，也很習慣在信件最後多寫一句：「放心吧！我信裡寫的都是無聊小事，不回信也無所謂」。

　　我想來談談這個微妙的心理變化。萬一我們遲遲沒收到回信，自尊心難免會受傷，就像「把自己拿出來當作商品來販售，卻完全沒人買單（熱臉貼冷屁股）」一樣。既然如此，乾脆把事情變成「我本來不想收到回覆，所以也沒有把自己拿出來賣人情的問題」，藉此保

護脆弱的自尊心。好像最後真的沒收到回信，也能全身而退。

　　遺憾的是，即使對方沒看穿我們的迂迴小心思，這一句話也會給人留下「感覺好彆扭，真不舒服」。或說「回不回信」、「什麼時候回信」本來是當事人的自由，「不必回覆」之類的說詞，乍看之下很貼心，其實更像是在發號施令。甚至可能給人一種自由受到侵犯，精神領域被干涉的印象。

　　各種的痛苦源頭，可能都跟你藉由「主動發出訊息」、「把自己商品化了」有關。不只是信件或電子郵件，在社群媒體（SNS）上，現代人不分男女老幼，都因為被鼓勵販售自己，因而讓自己處於很艱難的處境，盼望著「希望快點賣出去，再快一點、再快一點！」

55

堅持「我是對的」，所產生的攻擊性

「為什麼你老是來破壞我的好事？為了你的正義感？」壞人的問句，為接下來的十五本漫畫揭開了序幕（中崎達也《不起眼的趣事》，小學館[4]）

看似英雄的主角回了一句「不是」，又舉了個例子來說明：「在看電影時，如果隔壁的人把手肘放在自己的扶手上，自己是不是會覺得有點不舒服？此時當你試圖悄悄推回去，對方竟然用力回推……結果讓原本的小事，變成不能退讓的爭執了」。這位英雄主角認為是對方的自私（**自我中心**），激發了他的自私。

英雄端出了這套「電影院座椅把手理論」，詳述了

自己的行為動機，並非基於正義感。壞人聽完，說了一聲：「我明白了」，並對英雄深深地鞠躬致意。

　　這位英雄對於自己的動機，是來自個人私欲而非正義很有自覺這點，相當具有啟發性。

　　近年來，不論是日本對中國、韓國的外交政策也好，非核與否的討論也罷，很多人都被「正義感」沖昏了頭，例如以情緒化言語指控「那傢伙想用陰招來榨取不法獲利！」或者控訴「人力無法完全掌控的核能太危險了，我反對到底」之類的思維，是為了對抗某些自私行為的反動，說穿了也是另一種**自私**。把自己的私欲包裝成「正義」，藉此大膽傷害、壓迫那些與不順己的人，簡直冷血到令人害怕。

　　為避免誤會，在此澄清一下，我個人其實是反核的。只不過，我也想給那些把反核當作政治正確，並且肆意攻擊他人的作為澆上一盆冷水。被澆了冷水，冷靜後發現「啊，原來這只是我的私欲呀」，卻還能繼續踏實推動反核的，才是真正有膽識、值得我們信賴的人。

4　〔譯注〕中崎達也（中崎タツヤ），1955 年生，日本漫畫家。《不起眼的趣事》（じみへん）為其代表作。台灣未出版本著作。

56

（ 冷靜！每個人都是自私的 ）

　　長期以來，現代社會一直都在提倡要尊重不同的價值觀。不過，單就最近來看，情況似乎有了點不一樣。我在上一篇提到了反核，以及中國在軍事、外交上的威脅等議題。而這些議題似乎出現了一種讓人輕易說出「絕對是對方的錯，我的主張才正確！」的狀況。

　　現代人身處各式各樣價值觀流竄、無法對自己抱持百分百信心的環境下，上述狀況簡直如同某種救贖。

　　換言之，遇上這種「會傷害群體利益的機制絕對有問題。我必須阻止！」的狀況時，我們給自己的想法貼上「合理」的標籤時，來讓不穩定的自我得到暫

時的安穩。

這種正義儘管表面上看似「為了眾人利益」，到頭來是一種「披上『為了眾人利益』糖衣的自私（自以為是的想法）」。

釋迦牟尼說過：「我曾尋遍天下，想找到比自己更值得去愛的事物，卻沒有找到[5]」（《自說經》第五品），這句坦率的抒發，或許可以解讀為釋迦牟尼對「人的本質都很自私」的洞察吧。

這一番論述可能會引來一些誤解，質疑「你是想阻撓非核嗎？」、「難道要把尖閣諸島（釣魚臺列嶼）拱手交給中國嗎？」等等。

其實不然。我個人希望推動非核，也希望中國能安份一點。但與此同時，我也對於這只是來自個人私欲一事有著相當清醒的自覺。因為所謂的政治，不該在正邪對立的架構下發展（否則就會流於狂熱），而是要以「自私對自私」為前提，冷靜地研擬對策。

5　〔譯註〕原文：心雖歷諸方處所，何處更有愛己者。

57

當義工、做環保，
是為了滿足什麼

「我曾尋遍天下，想找到比自己更值得去愛的事物，卻沒有找到[6]」（《自說經》第五品）

這是我在上一篇所引述的釋迦牟尼的法語，這段話想必也包含了對眾生自私本質的冷靜洞察。

不論是對他人的崇拜也好，對別人的熱愛也罷，若我們深入探究、分析，會發現……不過是想藉由自我投射，來感受自我價值提升的錯覺。我們喜歡的，正是這種「全心投入」或「贏得對方喜愛」的「自己」。

當義工、做環保，這些自認為「為別人好」的事，說穿了是一種企圖提升自我價值的作為，出發點還是「為自己好」。換言之，從事這些社會上普遍認為有價值的活動，就能傳達「我的存在很有價值！」的自我暗示，算是一種自戀。

　　人的內心最深處，都藏著自我中心到無可救藥的自戀。而佛教正是以「人人皆自戀」這個悲涼的真相為前提，所發展出來的宗教。

　　我在本篇開頭譯自《自說經》的那句話，其實還有一句下文：「對世上所有人而言，『自己』是最值得愛的。既然每個人都自戀，所以若要追求自己的幸福，就必須以不傷害他人的自戀為前提。[7]」傷害了別人的自戀，勢必遭受報復。所以如果真的愛自己，也要懂得將心比心，對別人的自戀多一份尊重和體貼。

6　〔譯註〕原文：心雖歷諸方處所，何處更有愛己者。
7　〔譯註〕原文：此己各各如他人，然而愛己不害人。

58

(大腦會依自己的立場來分辨善惡)

　　我們的大腦，其實沒能認識這個世界原原本本的樣貌，而是以一種佛教當中稱作「渴愛」（taṇhā）的自我中心意圖，來歪曲我們對世界的認知。

　　以下雨、天晴、地震為例，它們都是自然現象，本來沒有所謂的好壞之分。然而，擔心缺水的人，會將久違的雨水扭曲為「善」；打算出門採買的人則將無情的雨水解讀為「惡」。

　　我們會視情況是否符合自己的需求，為世間萬物貼上或好或壞的標籤。

更進一步來說，假設你看到會下雨的氣象預報，心想「偏偏在要出門買東西時下雨」，於是帶了把雨傘出門。但要是最後沒下雨，又會覺得自己白做工。因為人都有「追求正確」的煩惱，所以不喜歡這種「自己選擇帶傘出門是個錯誤決定」的感覺。明明討厭雨天，但在準備好對策後，反而偷偷期待下雨了。哎呀！人還真是奇怪。

　　再假設有個很恐懼地震的人，花大錢買了一戶社區大樓裡的房子。這棟房子地基很穩固，又做了耐震設計。儘管他原本很討厭地震，但這下子他可能會開始暗自期待「就算發生地震，我的房子也不會受損」。但要是幾十年都沒發生地震，這個人恐怕又會覺得「當初花大錢是個錯誤選擇」了。

　　換句話說，這位屋主會暗自渴望地震。原本被扭曲成「壞事」的下雨和地震，就這樣被悄悄地扭曲成了「好事」。因為我們的大腦相當任性，只會做出自以為正確的判斷，其他一概不管。

59

（ 想說卻又不敢說，
膽小鬼心裡在想什麼 ）

那是我在寺院為一場十日坐禪冥想營進行指導時，發生在第一天的事。我走進學員集合的大殿一看，發現我打坐用的禪修墊不見了。

唔⋯⋯看來好像是學員們找到我擺在一旁的坐墊，連同其他三、四個備用坐墊一起拿去用了。

這時，我內心的膽小鬼猶豫了起來：「嗯，真希望他們還歸回我的坐墊⋯⋯但一說出口，正在用那個坐墊的人會很不好意思吧，這樣也不好。」

最後我心想「算了」，決定不再多想這件事，回頭

去訂購了一個新坐墊，等待兩天後到貨。

事後我才發現：「別讓對方感到不好意思」這句場面話背後，暗藏著一股在意他人眼光的恐懼。換句話說，我其實是擔心招來「要我歸還坐墊，也太斤斤計較了吧」的負面評語。

這件事讓我上了一課，人就是因為這樣，言行才無法像保持平常心，不敢把想說的話說出口。實際上，當下坦白地說聲「還給我」應該不會有誰覺得奇怪，是我的心過度在意他人的眼光，把事情想得太嚴重了。要是早點察覺這一點，就能坦然而不糾結地拜託學員歸還了吧。

怯懦導致我們無法坦然，「不願失去他人認同」的欲望，讓我們不情不願地扮演起了「乖寶寶」。

因此，下一篇就讓我們試著找出一條「變勇敢」的道路吧！

60

（ 勇敢說出：「我辦不到！」 ）

　　身為寺廟住持，我時常要接待突然蒞臨的訪客，甚至還有拙作的讀者會突然登門，找我商量自己的煩惱。令人苦惱的是，我也需要保留一些時間處理公務和修行，卻很難找到結束談話的時機。這不禁讓我想起小時候，總是不好意思先掛斷電話的回憶。

　　我總會擔心「現在說再見，是不是很差勁啊……」搞得自己忐忑不安。心裡明明想著「差不多該掛電話了」，卻又沒完沒了地講下去。我擺出一付避免傷害對方的姿態，但內心深處卻是抱持「我可不想因為傷害對方，而給對方留下負面印象」的自戀在隱隱作祟。

即便到了現在，在對訪客說出「今天時間差不多了」的時候，我偶爾還是會覺得很不自在。不過，我已經看穿當年那份不明究理的罪惡感，只是一種「不想被討厭」的自戀（承認欲求）。

「哎呀！什麼嘛……原來我是因為太自戀才假裝好人啊！」一旦看穿自己真面目，那股不明究理的罪惡感也將隨之散去。我只要瀟灑起身，輕輕說一聲：「今天就先到這裡吧」，催促對方打道回府即可。

如果一直對這些細微的心理變化毫無自覺，那麼我們在受人請託時，就可能發生明明心裡很排斥，卻因為看對方臉色而不敢回絕。所以，在淪入這種情況之前，要好好辨認出在受人請託那一瞬間，腦中所閃過的莫名罪惡感。

如此一來，你必定能覺察自己「拒絕的話會被討厭」的恐懼。沒關係，碰上不想做的事，就勇敢說出「我辦不到」，搞不好這種表裡如一的回應，反而會讓對方更加舒坦。

61

別急著說「好」，
要說「讓我想一下」

「『好！包在我身上』把話說得很好聽，但真的來拜託了，卻用『我剛好這個禮拜很忙⋯⋯』之類的藉口推託。切記，這種人只是假面朋友，可別當成真朋友了。」

這是收錄在《六方禮經》中的釋迦箴言。對於老是在意他人眼光，為了不想被討厭而輕易承諾的現代人而言，想必會特別有感觸吧？

哎呀！你是否也經常為了留下好印象，一個衝動說了聲「好」之後回頭冷靜想想，才發現自己「真不想做⋯⋯」呢？嗯⋯⋯至少我自己是常做出這種事。

如果再加上輸給自己的怯懦，不敢坦白告訴對方「我辦不到」時，只能淪落到搬出「我臨時有工作要忙」等（絕大多數是說謊）藉口塘塞了。

不論是隨口答應，還是扯謊找藉口，都是為了想保住在他人眼中的觀感，而無法坦白說出真心話。

於是我們成了不誠實的「假面朋友」，真正失去了對方的信任。況且也因為沒有說出「不想做」的真心話，下次再遇上請託或邀約時，我們說不定還會生氣地想「真是的！為什麼他就是搞不懂啊？」但這都是因為太害怕被討厭，而選擇裝好人的自己所種下的因。

拿出勇氣，當個坦白的人吧！至少不要立刻說「好」，改說「讓我想一下」來保留退路。萬一這樣還是不小心脫口答應、事後懊悔的話，那就以壯士斷腕的決心直說吧！「當初我是為了讓你高興才答應，但重新想過後，我發現自己實在沒有意願。抱歉！」

62

(讓人失望也無所謂啦)

　　當年我還在使用網路時，經常看到有人在網站或部落格上，寫出類似辯解的說詞：

　　「真抱歉，最近忙到沒空更新。如果有時間的話，想跟大家分享好多事情」等等，字裡行間帶著罪惡感。

　　仔細想想，經營個人網站本來就不是一份工作，想更新就更新，不想更新時，不更新也無妨。但為什麼他們會覺得「差不多該更新了」、「再不更新，會辜負讀者的期待，得寫篇道歉文才行」彷彿被一股奇妙的義務感壓迫一樣？

這是因為他們心中都很害怕「太久沒更新的話，讀者每次來都只看到相同的內容，恐怕會失望到不再造訪我的網站了吧」。說穿了，這是一種害怕讓人失望的恐懼，或說不想被拋棄的執著。

　　因為這份恐懼，讓更新網站這件事從原本「主動想寫」的意願，轉為一種「非寫不可」的沉重壓力。

　　簡單碎念幾句就能發表的平台之所以會流行，也是出於人們想逃離上述壓力，更輕鬆地進行分享，但仍然沒有觸及問題本質，畢竟背後的恐懼同樣不變，只是把問題隱藏起來罷了。

　　當你感到「非更新不可」的壓力時，請先察覺它其實是我們自己的恐懼。接著拿出勇氣，告訴自己「讓人失望也無所謂」，暫時拋諸腦後。耐心等待「想做」的意願自然湧現，就能開心地持續下去了。

63

(<u>此刻的念頭、情緒都是一時的</u>)

　　相信任何人都有類似的經驗：晚上忘我地寫下了一封情書，等到早上醒來重新讀過後卻感到難為情。又或者一時氣憤說出「這是什麼爛公司，我要辭職！」但到了隔天，又感到有所留戀……等等。

　　我們的情緒就是如此不穩定，所以處理起來特別棘手。拿前面的例子來說，如果那封自我陶醉的情書還沒寄出去，或者還沒公開揚言離職，倒也還好；倘若已經採取了行動，恐怕只能後悔莫及了。

　　從某種意義上來說，情緒以這種不安定的方式流動是不可避免的。這是因為我們的心，沒辦法持續針對同

一件事情抱持同一種感情。

對我們來說，萬事萬物都有好的一面或壞的一面。看到好的一面時（自動忽略壞的一面）便樂不可支；看到壞的一面時（自動忽略好的一面），便焦躁不已。然而，看不到不代表不存在，只是暫時隱藏起來，一旦狀況有變，好壞必會逆轉。

我們的意志不可能永遠保持不變。這是一種狹義的「諸行無常」，意指「一切（諸）意志（行）皆非恆常不變（無常）」。

既然意志和情緒一定會變動，那麼受 A 情緒影響所採取的行動，即便在 A 情緒殘存時會感到很滿足；但是當情緒轉為 B 時，懊悔和苦惱便油然而生。魯莽的我也想重新提醒自己「這些情緒都是一時的」，力求凡事慎重以對。

64

(放下「自己應該是……」的煎熬)

　　來學習坐禪冥想的學員，常常會開玩笑地聊起一個很經典的話題。那就是學員往往會被家人批評，比如：「你不是去學了什麼佛教、冥想嗎？但也沒看到你有什麼改變啊？」碰到這種情況時，誰都難免會火大到想回嘴反駁。

　　而我身邊的人也會說一句會讓我啞口無言的話：「明明在宣講佛法，但你怎麼說的都跟做的不太一樣？」學員聽到後，總能因為感到「原來如此，大家都一樣嘛」而一笑置之了。

　　會受到這種指責打擊，以上述例子來看，主要是因

為我們對於「修佛之後變得更好的自己」這個形象懷有一份執著。再來看看其他例子吧。假設你執著於「我很有創造力」的形象,那麼一旦想不出好的創意,或是點子被人批評時,受到的打擊就會更大。

也就是說,從我們建立某個自我形象的那一刻開始,只要看到、聽到或想到違反這個形象的資訊時,自我就會因受到威脅而讓內心陷入煎熬。若你總是能夠自信滿滿地認定自己具備某種形象(不居於諸行無常之中),那也不需要仰賴佛教了,但人心是一種變化莫測的諸行無常。在我們對「自己很行」而充滿自信的當下,這份自信必定會面對「我或許根本不行」的煎熬,人都毫無例外。

由此可知,樹立某種特定形象的自我認同,其實才是為我們帶來不安與苦痛的根源。佛教將這種我執稱為「有愛」(bhavataṇhā,另譯:存在的渴愛),建議眾生放下。由此來看「修佛後變得更好的自己」這個自我形象也是有害的,所以請各位放下吧!

65

（ 正視內心的細微情緒變化 ）

　　在寫這篇文章的前一晚，發生了一件令人火大的事，我已經好久沒這麼心浮氣躁到整夜翻來覆去睡不著覺了（哎⋯⋯）。後來我終於願意正視這股憤怒，並試著讓情緒平復下來。

　　在此之前，我好像一直被不間斷的憤怒控制著。但有趣的是，當我開始觀察自己的憤怒之後，才發現其中參雜了許多不同的情緒，例如「我竟然氣了一個小時」的懊悔；或是思緒飛向未來，想著「明天要趕緊起床工作」等念頭。

　　這些情緒過去之後，那一股難纏的情緒（本篇的案

例是生氣）再度浮現。不過，由於內心已把「自己正在生氣」的形象固定了下來，只記住最強烈的感情，並且無視其他薄弱的情緒，才會誤以為自己一直處在同一種情緒之中。

事實上，我們的內心每一個瞬間都在不停變化（無常），但自我卻只關注最突出的部分，用同一種顏色覆蓋所有情緒，假裝沒有任何變化。

反過來說，只要我們知道在強烈又反覆的憤怒之間，還參雜了其他的情緒，便能領悟憤怒並非永恆存在。當下，就能瓦解「自己正在生氣」的心境。傷心不停的時候也一樣，只要察覺到自己在悲傷之餘，依然想過「啊！天氣真好」的片刻空檔，就能舒緩負面情緒。

我們的大腦有個習慣，它會草率看待一切事物、戴上有色眼鏡判斷所有訊息。為了抵抗這種習慣，覺察細微的變化，以及心境的無常，我們要練習提高對「意識」的解析度，正如佛經所說：「若以智慧體悟無常，便能遠離苦痛、澄淨心靈」（《法句經》第二二七偈）。

8　〔譯注〕這段經文台灣常見的翻譯為：「一切行無常，若以慧觀見，得厭離於苦，此乃清淨道」。

第 4 章

↤ 別著急 ↦

66

(透過坐禪冥想，重啟鈍化的大腦)

　　現在的我正坐在暖被桌裡，準備提筆寫作，今天是陰天，光線不是很充足，但從窗簾透進屋內的微光，隱約可以看見外面的天空。

　　其實，剛才的我還在坐禪冥想，睜眼後那一瞬間，窗簾外透進來的光線、布褶的深淺，還有木地板上各異其趣的紋路和深淺濃淡等，映入眼簾後，彷彿此生初見似的充滿新鮮感，為內心帶來了小小的感動。

　　我們的大腦有一個習慣：當它研判「這件事我已經知道了」時，就會大膽省略相關資訊，這點相當於佛教中稱為「無知」的煩惱。而無知的強大作用，會讓我們

忽略每天都在接觸的事物。比如窗簾透過的光線變得單調，每天踩踏房間地板時的觸感，還有家人臉上的表情變化，都變得視而不見。這樣一來，對事物的認知變得粗略，世界在我們眼中也變得**愈來愈無趣**。

這種對細微變化的鈍化正引導我們走向不幸。然而，社會中充斥的現代元素——無論是音樂、故事和網路資訊，都不斷向我們輸送強烈的刺激。在習慣了這些重口味之後，我們的腦神經對細微變化的感受只會更加遲鈍。

佛教中教導的冥想，基本上就是為了讓心遠離這些「快樂」與「不快」的糾結，讓我們確實感受到身體所接收到的訊息。只要持之以恆的練習，便能停止長期以來對大腦注入強烈的刺激，讓腦神經得以重新煥發，再次回到敏銳的狀態。

大腦會擅自將細微變化（即無常）的世界單純（即常）化，同時也把自己對世界的認知主觀化，因此往往會產生非常不科學的見解。而佛教則是讓大腦不再省略訊息，細細檢視事物細微真相。就這一點而言，佛教其實是相對科學的。

67

(適度努力，適度放鬆)

　　釋迦牟尼有一位名叫首樓那（Sona Kutikanna）的
弟子，這位青年在出家前，原本是大富豪的兒子。他對
自己從小在嬌生慣養的奢侈環境中成長感到羞恥，便幾
乎不眠不休，拚了命地冥想修行，以致於身體虛弱，遲
遲提升不了修行的境界。

　　「我都這麼自律又加倍努力了啊……」首樓那感到
沮喪。釋迦牟尼察覺到異狀後，便向他拋出了這個提問：
「首樓那，假設你正在彈奏豎琴。琴弦拉得太緊或太鬆，
能彈奏出悅耳的音色嗎？」首樓那說：「不行」，釋迦
牟尼便進一步開釋：「冥想修行也一樣，過度努力和過
度懶散都無法順利做好。你就是陷入了過度努力的邪精

進。」

相傳後來首樓那在修行過程中，加入了適度的放鬆，最終開悟了。

現代人常常活得「過度努力」，這也是因為每個人都在拚命追求某些欲望。當欲望強力運作時，自律神經當中主導亢奮、緊張的交感神經就會佔上風。

想來，首樓那就是因為求成的欲望太過強烈，讓交感神經佔了上風，過度亢奮之下，冥想時才無法聚精會神。若要讓心穩定、專注，我們要保持適度的緊張感和適度放鬆，使交感神經和副交感神經達到均衡地活化的狀態。

一般而言，人通常有走向極端的傾向，不是過度努力就是過度鬆懈，導致自律神經失衡。首樓那的例子告訴我們，人要學習在兩種極端之間必須找到某種細微的平衡之道。

68

（ 執念，會讓人遍體鱗傷 ）

　　儘管平時常勸人放下執念，但我其實也會受各種執念束縛，也不時因此而遭受挫敗。

　　來舉一個我的失敗經驗吧。十多年來，我堅持茹素並且自行烹煮精進料理。但前年起，我開始出現類似營養失調的症狀，瘦到旁人都替我擔心，加上體溫偏低而苦於嚴重的手腳冰冷。

　　儘管有人勸我攝取一些動物性的食品，但我個人堅守的原則就是：第一，不吃魚、肉；第二，不吃乳製品和蛋類。掙扎猶豫之間加上日子忙碌，導致身體健康逐漸惡化。

因為執著於「我吃素」的自我形象，所以就算出現了壞結果也不願意承認──只為了守住自以為正確的自我形象。

　　我長年吃素原本是為了調整身心狀態，來讓自己更容易冥想，不料反而搞砸了身體，直到我不得不承認自己因此難以進行冥想時，才終於願意**退讓半步**，稍微放下堅持，吃起了無精蛋和優格。幸好最近完全恢復了。嗯……煎蛋還真美味（這陣子我為了修訂稿件準備出書，還規定自己每週有幾天要吃魚）。

　　執著於自我形象，會使我們產生相應的想法或見解，若要放掉這份執著，就必須承認自己的愚昧。而這麼做會深深刺傷偏好認定「我最正確」的自尊心，進而帶來痛苦。

　　下一篇，我們來試著從釋迦牟尼的法語中，學習捨棄固有見解的勇氣。

69

(避免無意義的爭論)

　　假設一下，某天你不經意說了某人的壞話。比如「那個人老是這麼強勢，完全沒想到給人添了麻煩，真討厭」。

　　如果聽的人只回了一句「是啊」，這個話題或許彼此轉頭就忘了，畢竟本來也不是什麼重要的談話。

　　然而，萬一表示不贊同，回說「但我想他也是為大家好才這麼做的。他其實是很體貼的人喔！」又會如何呢？

　　「太強勢」、「很體貼」兩種完全相反的見解，雙

方都可能因為自己的見解被否定似而不開心，甚至鬧起脾氣。「體貼？開什麼玩笑！我都說討厭了，還回什麼是為我好，也太白目了吧！」

這樣一來，起頭那句原本重要性頂多七十幾名的個人見解，與對方完全相反的見解碰撞後，排名迅速竄升，彷彿成為世界第一的頭等大事了，使雙方陷入一場沒有意義的爭辯、企圖駁倒對方，沒完沒了地吵下去。哎呀呀……。

釋迦牟尼在《削減經》中開釋：「其他眾生無法捐棄見解，我們要盡力修習，以達到能輕易捨棄見解的境界。9」

在與他人的見解發生衝突而失去平靜前，先試著內省吧。對自己說「明明也不是什麼非說不可的事情，我只是想保全看法是對的才生氣」。在心中保留自己的看法，在行動上後退一步，不一定要贏得爭論，給雙方留點餘裕，也可以回覆說表示：「原來他還有這一面啊！」

9　〔註〕原文：「其他 [眾生] 將是固執己見、倔強、難棄捨者，在這裡，我們將是不固執己見、不倔強、容易棄捨者。」（中部八經 根本法門品）

70

（ 改變看法時，為何會有愧疚感？ ）

前面我提過自己如何從一個純粹的素食主義者，後來不得不妥協吃起蛋的故事。

那篇文章發表後，有好幾個來問我：「哇！你竟然開始吃蛋了！真的太驚訝了！」，讓我突然察覺一件事，每當被人問起：「你也吃煎蛋嗎啊？」的時候，我總會回答：「啊……沒有啦，我吃的是小小的鵪鶉蛋，只能做成迷你尺寸的煎蛋，量沒有很多啦」，心裡簡直如同做了什麼虧心事一樣，忍不住想找藉口澄清說：「我沒有完全改變自己的信念喔！」

想到這裡，我懂了。為什麼人難以放下長久堅持的

「偏愛」，為什麼修正自己的軌道如此困難，箇中原因就在於此。

一直以來，如果我們過去給人一種「我很堅持某事」的印象，一旦要更換立場，難免會擔心別人覺得「這個人立場一直在換，不值得信任，聽他說話不必太認真」。

正因為擔心別人的看法，所以我才會想澄清「沒有啦，我吃的是小小的鵪鶉蛋⋯⋯」。當我意識到這一點後，終於明白我們會極力主張某些立場的原因之一，就在於渴求別人知道「我是不會出錯的人，今後也請繼續相信我」。

要想從觀點的衝突中解脫出來，就要學會妥善的處理自己的欲望。「別人不相信我又怎樣？好啊，我無所謂！」只要我們能轉念，心境上就會自由許多。

71

(用「我沒有意見」，來化解挑釁)

我和家人有過這樣的對話：

「這枝原子筆不能用了，我丟了喔！」

「欸？明明還能用啊，真浪費」。

面對家人略帶責備的語氣，我擺起架子拿著那起枝筆，說：「不，你看，墨水都沒了要怎麼寫？」家人無話可說的當下，我內心竟升起了一絲「勝利感」。

而且即便我沒說出口，但的確存在著「唉，我不是早跟你說了嗎？」這種討人厭的心態。因為我想用「看吧！這種時候還是我的看法和判斷比較正確，下次意見不同時，聽我的就對了」這句話，來讓對手屈服。

在這種情況下，原子筆丟不丟根本無關緊要。雙方只在乎「自己的看法有沒有站住腳」，以及對方是否信服，讓局面對自己更有利。

然而，人們的愚蠢之處，就在於我們總想再補一句「我就說了吧？」來當作「勝利宣言」。但這麼做只會惹惱對方，本來對方就已落敗了，你還再補一刀，對方下次想再跟你合作才怪呢！

釋迦牟尼在面對他人挑釁時，只會回答：「我沒有任何值得一戰的見解」，不會試圖駁倒對方，擺脫勝負爭執的同時，還能讓敵人心生感佩。所以釋迦牟尼這樣開釋：「若有執著於個人意見者來找我們爭論，我們只要四兩撥千斤地回覆：『這裡沒人會與你爭論』即可。」（第八三二偈）[10]

---

10 〔註〕原文：「若諸人執取成見而爭論，並說：唯此是真理，汝應對彼等說生起論時，此無與汝等敵對者。」（義品 第八 波須羅經）

72

（ 別把犯錯的人逼入絕境 ）

　　釋迦牟尼曾說：「別考慮自己是勝過他人、劣於他人，還是等同於他人。……心中不抱持任何既定見解，才能泰然處之。[11]」

　　與人相處時，我們不自覺想要超過別人，而不願落後他人。但是太執著於自己的意見，才是人與人產生爭執的起源。釋迦牟尼道破了這一本質，才會發出如此的勸戒。

　　「我的看法最正確，你的看法有問題」，每個人都想要證明自己多有實力，所以才總是被自己的偏見所牽制。

生活中不乏這些常見的例子。「我不是拜託你幫忙了，為什麼還沒做？」「哪有？我沒聽到。」「什麼！你之前明明說過會做的欸！」「蛤？我根本是第一次聽到」……然後就是沒完沒了的爭論。

因為萬一輸了這場爭論，好像給自己貼上低人一等的標籤，所以才會爭執不下。我們心中往往認定「你每次都搞錯，這次也一樣」，卻完全不問自己「說不定是我自己忘了才會搞錯？」——因為大腦內建的基本觀念，就是樂觀地認為「我絕對沒有錯」。

這樣的爭論再吵也不會有結果，最後會不了了之。但以某種層面而言，更棘手的是那些不巧握有證據，可以直接認定對方為「輸家」的情況。

例如查看電子郵件的往來記錄，來確認當初雙方是怎麼談的。當我們發現自己是對的，恐怕會毫不客氣再去教訓對方吧。然而，這樣窮追猛打只會傷害對方的心，留下難以彌補的傷痕。畢竟在「失敗者」的傷口上灑鹽，並不是什麼光彩的事。

11　〔註〕原文：「在世間不應關聯於智，或關聯禁制而營造見，不致於說與自己相等，或思維較卑劣或殊勝」（義品 第五 最上八偈經 799）

73

（ 別當眾揭人瘡疤 ）

　　你是否有過這種經驗？有一些平常刻意壓著不說的抱怨，一旦遇上第三者在場，很容易用開玩笑的方式說出來。

　　比如在家裡有客人來訪時，常常會不經意指責另一半：「真抱歉！我先生講話就是這麼不中聽。」然後還向另一半補一句：「看吧，誰叫你平常跟我說話時，都這麼任性又沒禮貌，這下尷尬了吧？」

　　為什麼會這樣呢？因為平常我們與對方是一對一談話時，往往是勢均力敵的態勢，當場上出現第三人時，我們不自覺就會想讓第三者站到和自己同一戰線，爭取

到二對一的優勢，覺得有同伴也更有底氣。然而這種倚強凌弱的打法，會使缺點被攤開在第三人面前的人，更覺得沒面子，即使當面沒有翻臉，或許已在心中記下一筆。

我想起和一位熟人到旅館的往事。當老闆娘為我們說明「這道餐點本來在室町時代，主要是以當時的上等食材——魚、肉等來料理。但這次我們特別以蔬食方式提供。」聽完後，我的朋友突然問了一句：「喔……原來室町時代也有這種純素料理啊？」哎呀，這表明沒有在好好沒在聽人介紹。

老闆娘臉上露出「呃……這個人沒在聽」的表情，於是我趕緊打圓場，開玩笑的念了朋友一句：「你也真是的，**老是**不認真聽別人說話，這樣不行喔！」

儘管我自認是用半開玩笑的口吻，但其實已傷害到朋友。過了幾分鐘之後，他對我說：「我的確是沒認真聽人說話，但你也沒資格教訓我吧。」哎呀，至此之後，我時時提醒自己：千萬不能讓人難堪。

74

(動腦也要動手，腦袋會更清醒)

　　中國唐朝的百丈和尚，為禪寺擬定了名為「百丈清規」的生活規範。他恪遵自己訂定的規範，直到晚年都還拿著鋤頭、鐮刀，在寺院從事農禪作務，對於所謂的體力粗活，不曾懈怠。

　　不過，弟子們不完全贊同他的做法：「師父德高望重，不適合做這種微不足道的工作，會引人非議，再加上師父上了年紀，身體也不好，最好別再下田了。」

　　雖然弟子們一直勸百丈別再務農，他還是每天默默上工。有一天，擔心師父的弟子們，藏起了他的工作用具。於是百丈這一天只好停止務農，也沒有吃飯。弟子

詢問：「為什麼您不吃飯呢？」百丈回答：「一天沒工作，就一天不吃飯。」

這句「一日不作，一日不食」可以有各種不同的解讀。

在這裡我想從實事求是的角度，來解讀這句話，即是「不做體力勞動，肚子就不會感到飢餓，飯吃起來也不美味，那還有必要吃飯嗎？」

我有一段時間忙得暈頭轉向，整天被動腦的工作追著跑，所以把農事和其他一些需要自己做的事交給其他員工代勞。沒想到我的思路卻因為用腦過度而有些遲鈍，味覺也變得不太靈敏。於是我減少動腦的工作，多撥了一些時間做勞力的農事。結果不僅大腦變得很清醒，用餐時的味覺也更鮮明了。

不論是上班族、企業家、家庭主婦或學生，任何人都不可能一直用腦，否則讓思維陷入鈍化。將那些不動腦的單純作業，通通交給別人做的話，實在太可惜了，所以身為主管或主導事務性的你，不妨率先行動起來，或許可以讓平常過度操勞的大腦，在疲憊時找到新的能量！

75

(要有「必要時捨棄一切」的勇氣)

　　釋迦牟尼是人類導師。這位佛教的大人物，原本是一位年輕的王子，他捨棄妻小、國家之後，苦心修行之後，歷經無數劫難，最終悟道成佛。

　　在《增支部經典》三集當中，他曾回顧自己年輕時的煩惱：「雖然現在我還年輕，但有一天也會老去！」「雖然我現在還健康，將來也會生病！」「雖然我現在很有活力，但終究難免死去！」

　　面對這些煩惱，他追述道：「我對於自己『既年輕又健康，正歌頌著生命』的自信，至此全盤瓦解。」以現代人的觀點來看，會覺得這種煩惱有些鑽牛角尖吧，

畢竟「只要現在富裕、年輕、健康又快樂，不就好了嗎？」

不過，對於過度要求完美的釋迦牟尼來說，顯然完全不夠。他彷彿在說「不論是年輕、健康或快樂，如果無法完美地持續到永遠，那我寧可不要！」於是，他選擇離家出走，投身修行，以超脫對老、病、死的恐懼。哎呀，這可是給家人添了好大的麻煩啊。

因為當年釋迦牟尼是身負重責的部族王儲，要是他離家出走之後沒有成為悟道的偉大人物，想必會遭到眾人在背後指責，怪他是個不負責任的傻瓜吧。但他無畏一切批評，勇敢出走的作為，其實也告訴了我們：「徹底捨棄自己現有的一切，走向截然不同的人生，也沒什麼大不了的」。

我寫這篇文章，也並不是鼓勵大家離職、離婚或離家出走，但只要抱持「萬一遇有不測，隨時可拋棄一切」的覺悟，心境將會更加從容，覺得自己還能再努力一下。嗯，我自己也是這樣想的。（其實我在寫這篇文章時，腦中一直想著我和某個人的關係，後來雖然做過一些努力，終究還是不得不劃下了句點。）

76

（ 「我想成為這樣的人」產生的苦惱 ）

　　釋迦牟尼早已看穿，沒被滿足的渴望是讓人們苦惱的根源。

　　「好想要得到那個東西」，然而卻得不到，這還算是比較單純的折磨。《大念處經》中也有提到，因為人的心中都有一個「理想的自己」，而理想與現實差異太大時，就會產生煩惱。

　　對於「想成為這樣的人」任何人都有自己看法，例如「對大家都很親切的好人」、「開朗的人」、「有趣的人」、「成功的人」……。

然而，問題的關鍵在於，這些欲求絕不可能獲得持續性的滿足。能親切開朗地待人時，我們會喜孜孜地想著自己「果然是這種人」；但人心是浮動（即無常）的，一定會有無法開朗的時候，也會有待人失控的時候。這時我們往往會因為心目中的「理想」形象受創，而感受到煩躁不安。

　　另外，如果我們打算成為「有趣的人」或「成功的人」，這種自我形象也唯有在自己的表現比原來更成功時，才能得到實際滿足。光是停留在相同的水準，就會因為一成不變而感到無聊，進而引發自己的不滿。

　　其實啊，既然知道對成為「理想自己」的渴望，才是招致苦惱的根源，那麼不妨試著對自己降低一點點期待值，說聲：「當不成那樣的人，也沒什麼大不了」，一旦能稍稍放鬆這份渴求，內心將能因此變得柔和。

77

理智自省，
不過度否定從前的自己

在本書的後半部分，我打算加入一些個人的失敗經驗和糗事，來分析各種煩惱。

然而，難就難在我們很可能常常產生一種誤解：「我有過這種失敗經驗，現在對那些錯誤更有自覺了，這樣就夠了吧！」看起來像是在反省，實則不然。

表面上來看，我們已承認「以前的確有錯」，但內心的深處則認為「現在願意承認『以前有錯』的自己是對的」。換句話說，我們的大腦會主動將煩惱歸零。並且認定自己最新的判斷都沒錯，這也是大腦造成的另一個煩惱。

讓我們來看一個具體的例子吧。假設有一個辭職後找到新工作的人，他在前東家時曾因為太在意別人的評價而迷失了自我。於是他深切反省，告訴自己：「以前那樣不好。在新公司就一個人低調地把做事做好吧」。問題在於，人往往為了認同當下改觀後的想法是對的，而不自覺地過度否定前工作或舊有的想法。

　　因此，當有人對他說：「你在前公司時，做得很好啊，表現特別突出」，他卻彷彿想完全否定過去一般，用一種情緒化的口氣來回應：「才沒有，我那時根本迷失了自己！」。

　　而且當他一心認定現在的他才是對的，看到那些跟過去的自己一樣，很在意旁人眼光的人時，就會忍不去去說教，要他們「不要因為太在意他人看法而迷失自己喔！」唉！反省過頭，反而成了阻礙，讓他失去了理智。

　　「新的想法不見得一定正確。畢竟萬事皆無常，想法會不停改變」，我希望你們讓當下的自己保持客觀，看待問題不要過於絕對。

78

(不為失敗找藉口)

　　有一次，我睽違十年參加 KTV 聚會。包括歌喉極佳的信眾代表在內，我仔細聆聽大家唱著饒有深意的演歌等歌曲，結果我也拿了好幾次麥克風。

　　由於我平常完全不聽音樂，根本不知道該唱什麼才好，所以選了一些童謠或搖籃曲來矇混過關，接著就開始出紕漏了。

　　同行人去 KTV 的人都在唱著流行歌曲，我想著自己也是有關注流行的趨勢，被一股想展現自己「意外很懂流行歌」的虛榮心沖昏了頭，而不小心點了一首以前喜歡的搖滾歌曲——椎名林檎的〈草草幹活〉（やっつ

け仕事）。不料一開口才發現，我不只忘了旋律，唱到「啊～好想變成一部機器」這段獨特的歌詞時，竟然難為情到不敢大聲唱出口。

「我忘記了」、「以前很喜歡的，現在聽起來不怎麼樣」、「真奇怪」、「欸？」差點就脫口而出以上的藉口來挽回顏面，但可能反而會更尷尬。

任何事都一樣，即使失敗，只要不以為意便能處之泰然，但若開始找藉口狡辯反而顯得狼狽不堪，甚至無法收拾。因為這麼做就跟大喊「我比你們知道的更厲害！」沒兩樣。我一邊和「唉，好想說自己的歌唱實力不只於此」的欲望搏鬥，一邊勉強把荒腔走板的歌曲唱完。呼……

這次的經歷，我想起《經集》中的一段文字，來呼應當時的心境：不必因不如別人而感到羞恥，不必為了想超越別人而汲汲營營，也不必執著於證明自己的實力，不妨放開無謂的自尊心。別給自己貼上任何想像標籤，泰然自處，方得心安（第九一八偈）。

79

(別以受害者姿態責備他人)

　　有一天，我在新宿車站的售票窗口排隊購買新幹線車票時，左邊有位男士突然生氣站起來大吼。

　　我刻意聽了一下內容，發現原來他是因為電車誤點，沒趕上工作上的要事而生氣。「我因為你們耽誤了工作，你們卻一付事不關己的樣子，這是什麼態度啊！」

　　我能明白，他心裡可能想說的是：「我是受害者，損失這麼多，你們難道不該給我一些特別的禮遇嗎？」曾幾何時，為什麼這個社會變成了一個人人都喜歡擺出受害者的姿態呢？偏偏這種行為還能佔上風，或許輿論

總是較為同情受害者。

隨便都能找到一些例子。比如「都是照你說的來做，才淪落到這種下場，都怪你！」、「你竟然出軌，太過份了，我好受傷！」，甚至是「大環境不好，害我發揮不了才能」⋯⋯等等說詞。附帶一提，「都是照你說的來做」這句怨言，其實是我最近說過的話。

就算我們真的受到傷害，只要我們先把他人定義為加害者，再向對方灌輸罪惡感，那麼我們就能方便操控對方，並予取予求，難道我們不是這樣想的嗎？受害者這一身分的魅力不就在此嗎？

然而，如果我們對於扮演受害者、認定「自己好可憐」而上癮，就可能變得非常喜歡受傷。

現代人動不動就為了一點小事喊著「我好受傷」，這種看似樂於被折磨的模樣，簡直像是陶醉在釋迦牟尼否定的苦行之中一樣，你懂吧（笑）？

80

(別一直按下「快點快點」的按鈕)

我在山口市嘉川這個鄉下小鎮長大，路上有很多行人穿越道的號誌都是手動式按鈕。那時小朋友之間流行一個謠言，「只要在對的時機連續按按鈕，等紅燈的時間就不用那麼久了」。小朋友都希望趕快變綠燈，所以總是不停按按鈕……但事實是不論我們按下多少次，號誌變換的速度其實都沒有改變。

仔細想想，我們是不是也常在心裡做著類似的事情呢？比方說，想透過實踐佛教教義來增進內心的平靜，但一開始冥想，就顯得不耐煩、不安分。如同我們明明按下了「拜託我的心快靜下來吧！」的按鈕，但內心的號誌卻沒有馬上變換，促使我們不耐煩地一直按按鈕，

催它「快點、快點」一樣。

很遺憾的是，我們越是催促「趕快改變」，內心就越是緊張，覺得充滿壓力，這種連續按按鈕的行為，往往只會帶來反效果。另外，當你已經提不起勁時，還一再鞭策自己「早點振作起來」，結果同樣是適得其反。

釋迦牟尼在《法句經》中說道「我且無有我」，亦即「連我們自己都不是自己所有物」（第六十二偈）。意思是：我們的心不是按鈕，無法按照自己的意思來駕馭，要它往就往東，要它往西就往西。

如果人只要按下「變開心」的按鈕就會開心的話，那麼所有人都能笑口常開，痛苦從此消失在世界上。但現實沒那麼美好，所以才會活得這麼辛苦。

播下變化的種子，也無法立刻收成作物。就讓我們不急不慌，順勢而為，慢下心來等待吧！

81

（ 別一直想改變別人 ）

　　我在上一篇引用了釋迦牟尼的法語，說人連自己的心都無法隨意駕馭。這句話的全文是這樣的：「此我子我財，愚人常謂憂。我且無有我，何有子與財？」意思是說，自己的內心尚不且受自己控制，又如何期待自己的孩子按照自己的想法去做呢？

　　其實，不只面對自己的孩子時如此，我們在與別人相處時，一定會有想要別人按照自己的想法來做的情況（而且通常是失敗），這種時候，多半都會有挫敗感。

　　我想到一個自己的親身經歷。

有一位和我關係不錯的朋友，常常會用很難聽的話來否定我做的事。讓我覺得很不舒服而找他談一談，希望他換個方式說話，而他也回以「我明白了」表示接受。然而，這個對方會「如我所願」終究只是一場錯誤的期待，之後當他依舊用否定的損人方式說話時，難免讓我火大，覺得「又來了！完全講不聽耶」。

　　別人不按照你的意願來做，主要來自兩大阻礙：第一，是當我們直接表明想法時，對方可能會因難以接受而生氣了；第二，就算對方接受了，他也無法**如願**控制自己的內心而改變自己。比如，有些人天生脾氣火爆，就算他願意接受建議，也有想著按下心中那顆「請變溫柔吧」的按鈕，但馬上從火爆變成溫柔，也是不太可能的。

　　很遺憾的是，我們的內心和思維方式所遵循的法則是不同的，所以即便你想要「變溫柔」，也沒辦法立刻照自己的意思改變。人能夠改變的，是放棄這種難上加難的可能性，要麼坦然接受對方，如果辦不到，就乾脆遠離對方，放下一切困難了。

82

(每個人都有自己的內在法則)

　　近來，道場搬到了一棟古老的建築裡，總會有大量蚊蟲入侵。再加上屋子位在山上，有時候會因為梅雨而格外潮濕，這時，鼠婦之類的蟲子大軍更是長驅直入。

　　我向人說起這件事時，對方詢問：「是摸了之後會蜷成一團的，還是不會蜷成一團的？」我回說似乎是不會蜷成一團的，對方竟表示那不是鼠婦（pill bug），而是潮蟲（wood louse），它跑得比鼠婦快，更喜歡潮濕的地方。有趣的是，對方竟然還對蟲子懷著奇妙的歧視心態，說：「鼠婦還算可愛，潮蟲進到家裡就很噁心了。」

明明都是蟲子，他的態度卻有天壤之別，我不禁好奇的追問他，得到了下面這個回答。

「嗯……」對方想了一下，接著說：「因為鼠婦一碰就會捲成一團，我可以隨意觸摸一下就蜷成自己想要的樣子，覺得蠻可愛的」我當下哈哈大笑，結束了這個話題，但他口中的「可以隨意」是真的嗎？

確實，鼠婦一被碰到就會「向內」蜷縮成一團，不過這完全是因為此舉符合鼠婦的自然法則，我們才得以如願。反過來說，要是我們希望「鼠婦被碰觸後，『向外』反折」的話，那就違反了鼠婦的自然法則，絕對無法如願。

換句話說，鼠婦之所以蜷縮，並非由我們的意志（想法）來決定，而是雙方遵循相應自然法則的結果。

回頭對照前一篇文章，其實人也是一樣。每個人只會依自己的內在法則來行動，如果我們硬要他人違背自己的內在法則，例如提出「希望你這樣做」、「想要你那樣改進」等建議，也無法讓注定向內蜷曲的人因此向外反折。

83

（ <u>「求而不得」的苦，人人皆有</u> ）

　　世界上的任何一切，對，包括自己的心，都是意識無法掌控的——我們在前面的篇章都提到這一點。

　　在此，我試著摘要一段《無我相經》來說明。釋迦牟尼先是說道：「我們無法對心發號施令，也無法使它按我們的意志往東或往西」然後接著問弟子：「你們認為這顆心是否值得堅定地信任？或是變化無常，不值得依靠？」弟子回答：「世尊，我們認為它是無常的。」接著釋迦牟尼又問道：「那你們認為無常是苦還是樂？」弟子又回答：「世尊，我們認為是苦的。」（嗯……簡直是誘導式訊問嘛）。

換句話說，這種內心的變化可以總結為：「我們無法按照自己的意志來支配事物」→「萬事皆無常，而隨意變動」→「但人有控制欲，無法滿足時就會產生煩惱」。

　　嗯……仔細想想，人的欲望是無窮盡的，人生中根本沒有絕對的滿足，心境永遠無法達到「不再需要任何其他」的完美平和。不論是遇到多好的人、得到多棒的境遇，必定都會因為「想要更多」，而身陷求而不得的煎熬之中。

　　我們的心是基於「想要幸福＝想要滿足」而設定的，但卻又有另一套機制──會因為自然變動（無常）、不從人意（無我），最終回歸不滿足（一切皆苦）的狀態。只要還活著，人就要被迫玩一個絕對達不到目標的荒謬遊戲。

　　釋迦牟尼早已看穿，「人生」這場遊戲絕對沒有破關的一天，唯有半退出遊戲本身，放下勝利的欲望，才能找到心境的平和。

84

（ 沒有回報也沒有關係 ）

　　某次我一時心血來潮，想讓道場的庭院覆上一片綠草，便大量購買了草坪用的種子。後來發現包裝上寫著播種前要整地，又拿起鐵鍬勤快地翻土。但院子的地層很硬，我花了幾乎兩天才完成前置作業。

　　我望著整好的地，心裡湧現了一股成就感。不料，完成播種之後，我必須馬上外出一週，做不到說明書上「一開始要每天澆水」的指示，只好指望梅雨季的雨水幫幫忙，便出門去了。不幸的是，那陣子偏偏沒下雨，等到我回家時，絕大部分的種子都沒有發芽。

　　看著眼前寥寥可數、零星發芽的幾個種子，我大失

所望，心想「虧我花了那麼多力氣……」。若能具體看見辛苦的成果，我們就能得到十足的成就感；然而當辛苦付出沒得到回報時，則會產生一股名為失望的無力感。

潛心修佛也一樣，假如遲遲看不到成果則心升厭棄；對家人傾注關愛，卻因為得不到感謝而心生怨懟……等等。

問題在於，人無法長期承受這樣的無力感，所以會變得厭惡對方，或想放棄無謂付出的行為。沒錯，我也稍微動過這種念頭，心想「啊……我已經不喜歡園藝了，乾脆放棄好了」。

然而，這個「不喜歡」只是為了逃避打擊而捏造的藉口，其實我只是想掙脫那股無力感而已。

其實，在虛榮感這方面退一步，在真正重要的事後跨一步過去，這樣不是很好？

85

(是故莫愛著，愛別離為苦)

　　山口縣有一款名為「利休饅頭」的伴手禮，每顆只有一口大小。身旁有人把它記成了「宇部饅頭」，於是我笑著糾正他：「那個其實叫作利休饅頭喔。」說起來也是一件小事。

　　不料幾分鐘後，他又說成了「宇部饅頭……」，這次我試著迂迴提示他：「你是指在宇部市生產的利休饅頭嗎？」但他依然故我地繼續用「宇部饅頭」，沒有更正的意思。嗯……

　　這件事要是發生在陌生人身上，我頂多只會覺得對方很有趣，然後當成一笑置之的小事。然而，正因為我

們之間不是無關緊要的關係，在有所期待前提下，一旦出現有話說不通的情況，難免讓我有種無力感。

「不管怎麼介入，就是影響不了對方的想法。我還真是沒用啊……」大腦會衍生這樣的感受。從另一個角度來看，正因為我們想在對方身上發揮影響力，以確認自己的有力感，所以期待落空時才會感到既傷心又落寞。

至於那些自己不太執著的對象，因為你並不期待發揮什麼影響力，自然能輕鬆相處。所以若對他人懷有執著，反而容易落入難受的困境中。

這讓我想起《法句經》中的一句話：「別結交任何眷戀的對象，一旦對方的存在違反了自己的眷戀時，將會引發痛苦煎熬」（是故莫愛著，愛別離為苦。第二一一偈），這句話真是一針見血！

86

(若無愛與憎，彼即無羈縛)

上一篇中，我很隨意地翻譯了《法句經》的法語，原句應為：「是故莫愛著，愛別離為苦。」

這裡的「愛別離」，通常是說「終將與對方失和而走向別離」或「終將死別」，可以理解為人對遙遠未來的想像。

我高中時也曾在某堂課上，接觸到「一切皆苦」的概念，而其中一種為「愛別離苦」，亦即「失去所愛的痛苦」。乍聽說明時，我有過這樣的想法：「就算有一天分別時會很痛苦，但我不覺得這算是一切皆苦啊，畢竟能在一起的時間夠長久了」。

然而事實上，這裡所謂的「愛別離為苦」，不一定是要承受真正的分離。即使對方近在眼前也一樣，只要你對他心生厭惡，便也算是「愛別離為苦」的一種。

　　在上一篇中，我不惜公開自己的糗事，就是當你感到對方聽不進意見，或眷戀的對象破壞了約定、亂發脾氣、敷衍了事，或者出現任何不舒服的狀況時，你心中「愛的那個人」將因此死去，轉化成「那是我討厭的那個人」了。

　　正因如此，我才把「愛別離」意譯成「對方的存在違反了自己的眷戀」，並解讀為隨時都在發生的事。

　　如果硬要把什麼小事都用放大鏡去檢視，即使面對的是很喜歡的人，有時也難免會有厭惡感。因而釋迦牟尼的法語，其實還有這句下文：「若無愛與憎，彼即無羈縛」，意思是若能遠離眷戀和憎惡這兩種相對立的情緒，心將擺脫束縛，痛苦隨之消失。

第 **5** 章

別比較

87

(莫知來變)

　　某天早上，道場裡的榻榻米到處長滿了黑黴。我向來不喜歡電器用品，但因為發覺近來氣候潮溼，黴菌已經開始活動，所以不惜打破原則，採購了除濕機，沒想到還是解決不了問題。

　　前一天晚上，我為了躲避黴菌，特別把被褥從寢室搬到坐禪室，在這裡睡了一晚。結果坐禪室竟然也被黴菌侵蝕，我只好暫時把榻榻米全都掀開晾乾，當晚決定住在道場附近的民宿。很好！這下子總算確保有床可睡了。咦？但這樣真的「很好」嗎？

　　當我為了起居問題而人仰馬翻時，腦中總會閃過《法

句經》的這句話：「雨季我住此，冬夏亦住此，愚者當盤想，而不覺危險」（第二八六偈）。翻成白話文就是：愚者只盤算雨季該住哪裡，冬季住這兒、夏天住那裡，卻忘了自己會在轉眼間衰老、在不知不覺間死去的危險。

的確，本來佛教認為理想的住居，就是不論有無毒蛇或蜜蜂出沒，都要睡在樹下，不定居於單一住所，藉以修行。釋迦牟尼後來雖定居在他人捐獻的精舍[12]，但仍鼓勵修行人捨棄一切物品，進行不執著住所、四處雲遊的頭陀行[13]。

在道場尚未搬遷時，我也曾經覺得「一點黴菌也無妨」。然而，不知道從何時開始，自己逐漸遠離了這種生活方式。我試著反省，但一想起那段日子把身體搞壞的往事，內心不免感到有些恐懼。

只有放下對健康，或對生死的執著，才能真正展開修行，雖然我明白這個道理，但眼看著自己逐漸失去捨身力量，真想好好整頓這份脆弱啊！

12　〔註〕精舍：寺院。因是精勤修行者所居，故稱為「精舍」。

13　〔註〕頭陀行：漢傳佛教《十二頭陀經》記載，頭陀行有分別針對食、衣、住的十二項規定。皆為修行功德以達正果的手段，而非目的。

88

(讓當下成為「靜心之所」)

「肅靜」、「沉默」這些文字,旁邊再點綴著插圖,
是我貼在道場入口的標語,用來提醒前來坐禪、冥想的
學員們保持心靜。

冥想所追求的是,假如周遭的喧擾令你介意,你也
要好好觀看那個在意的自己,然後放下心中的騷動。不
過,除非已經相當熟悉冥想的心法,在任何狀態下都能
坐懷不亂,不然還是在視覺、聽覺、觸覺和精神,都能
保持平靜的環境下進行,比較容易進入狀況。

正是顧慮到這一點,我才特別留意要為冥想初學者
提供一個安靜的環境,乍聽之下很貼心,但我稍加反省

後，發現這只是我個人偏愛寂靜，所以貼心的背後其實參雜了一些自己對安靜的執著，才覺得「討厭自家道場喧鬧擾人」。

因此，我現在也選在一家安靜沉穩的咖啡館寫稿。回想起當年我潛心精進修行時，根本不需要刻意什麼「自己喜歡的安靜咖啡館」作為輔助，不論身處任何場所或環境，我都能安處於當下此刻靜下心來，有效率地處理工作。

找一家能暫時忘卻日常瑣事的咖啡館轉換心情，乍看之下很優雅，但仔細一想才發現，如果我本來就沒有什麼想忘卻的日常、天天過著優雅心靜的日子，那有必要轉換心情嗎？──而火候未到的我，此刻正在一邊轉換心情，一邊寫下這些文字。

89

（ 假親切之名，行自我滿足之實 ）

　　有一天，我在某間店內喝茶，附近有兩位語帶博多口音、很有活力的女士在交談，聲音有點大，兩人的對話就這麼傳進了我的耳裡。

　　「這裡的蛋糕很漂亮，但根本吃不飽吶！」、「對呀，甜度也不夠」。其中一位對疑似在學校負責營養午餐的朋友說：「妳煮的東西味道超棒、份量又多，簡直好得沒話說啊！」這位朋友謙虛回應：「沒有啦！我只會煮這種營養午餐，但那種美美的『男友便當』就做不來啦！」

　　而接下來的回應，則直指了核心重點：「哎呀！我

覺得男人根本不在意便當美不美，那些只是女人拿來自我滿足用的啦。」

我原本面帶微笑聽著這段對話，但自我滿足這個關鍵字，稍微刺了一下我的心。

最近，我對一位的老朋友的事非常上心，一直想如何幫助他，不料他最後以「不需要幫忙」一口回絕了。拒絕時還順帶問了一句：「你心裡大概只想到自己是否幫助了我，卻沒有想過我是否需要你的幫助吧？」確實，我不否認自己是因為過去犯的錯而想藉此贖罪，但也確實有一半是出於自我滿足，朋友八成是看穿了這一點而嗤之以鼻吧。

再讓我隨意翻一段《經集》的文字，來試著體會一下吧。

「超越慚愧嫌忌者，若言我為汝之友，不引受自所作業，彼非我友應須知」。（第二五三偈）這句話說的就是，有人嘴上說「為你好」，而做出的行為卻完全不考慮對方感受，這樣的人是不知恥的偽善者。沒錯，我的親切就是偽善，所以才打動不了當事人啊。

90

(幫助別人，往往藏著虛榮心)

我有一位朋友，平日很少見面，但偶爾會在茶會碰面。最近，在久違的茶會上發生了一件事，這位朋友說自己在公司的人際關係很差，他嘆氣的說：「這個禮拜我連一次都沒笑過……」

我們一邊吃茶點一邊話家常，朋友逐漸展露笑容，愉快地說：「啊……好久沒這麼笑過了」，聽到這句話我也覺得很開心。

不過，後來我才發現自己是因為熟人深陷「可憐」的狀態，而且「多虧有我，**才能讓他重拾笑容**」，這種大顯身手的機會而高興，背後其實藏著一股自大又傲慢

的心態。

哲學家史賓諾沙（Baruch Spinoza）在其著作《倫理學》（*Ethica, ordine geometrico demonstrata*）中，分析過這種心態「當我們得知施加影響能為對方帶來快樂時，我們也心生快感，而這種快感可視為虛榮心」。

通常**對方越是碰上麻煩，介入幫忙的人就越容易贏得感謝**，因而更容易促使這種虛榮心產生。所以有些精神上搖擺不定、缺乏自信的人，總會想找出有困擾的人來照顧，莫名想當宗教家（咦？那我也很可疑啦……）或諮商師的角色。

這種救世主情結（Messiah complex），最終往往會讓人掉入偽善和自我滿足的死胡同，請務必多多留意及自省。

我們需要學習，勇敢面對自己的脆弱，並脫下「我是為他好才做的」的乖寶寶面具，坦白承認「啊……我還真虛偽呀！」這有又何不可呢！

91

(不要把自己的規則強加給他人)

　　我有一些冥想課程的學員，很熱中於實踐佛道。所以有時候會有人來找我討論這個問題：「雖然我堅持不殺生，但我只要一勸家人別打蚊子、別用殺蟲劑，關係就會變得很緊張。」

　　我總是回答：「戒律終究是用來律己的，如果你打算把自認為的正確強加在別人身上，只是徒增自己的煩惱，應多加留意。別人想怎麼做就隨他去吧！」

　　不過，別人的事說起來容易，一輪到自己時就特別難了。我無意強迫素昧平生的陌生人不殺生，但我不免期望同住在寺院的家人，一起貫徹「不殺生」的戒律。

某次，我在臥室發現一個滅蚊的電器，便說：「這個會把蚊子殺死，別殺牠們趕到外面去就好啦」，並且換上效果沒那麼好的驅蟲線香。當晚，家人被蚊子叮得很癢。隔天一早，語帶不滿地跟我抱怨：「被蚊子咬的幾乎整晚沒睡……」還、還真可憐啊。

　　嗯……宗教的可怕之處就在於，我們很容易在無意間認定「貫徹正確的事就是好事」，成為害旁人吃苦的基本教義派。

　　關於這一點，釋迦牟尼也說過：「不能容忍他人殺生」[14]（《經集》第三九四偈），光是這句便足以合理化基本教義派的說詞，但後面其實還接了一句「不對眾生施加暴力」。由此看來，我們要留意不應該以暴力手段強迫他人接受宗教觀念。

14　〔註〕第 394 偈文原為：「不自殺害教殺生，他人殺害亦不容；世間剛強藏笞杖，一切生類哀戰慄。」

92
(適度堅守、適當放棄)

上一篇，我談到自己也曾一不小心，強迫家人接受不殺生的戒律。延續這個話題，我想起了不久前曾令我傷透腦筋的一件事。

我在山口縣的一處寺院擔任住持。寺內連接大殿和庫裡 15 之間的走廊下方，一度遭到白蟻嚴重啃蝕。當年，身為堅定基本教義派的我是這麼想的：「白蟻只是為了拚命求生才啃食木頭，不是為了給人類找麻煩，絕對不能因為一己之便用藥大量屠殺白蟻」。

於是我請來除蟲公司的人員，和他們商量：「有沒有什麼不殺死就能趕走牠們的方法？」業者努力查了各

種方法，最後充滿歉意的回覆：「破損範圍大到這種地步，除了殺蟲以外別無他法了」

當時我甚至想過與其殺白蟻，還不如讓走廊繼續腐朽下去，但這個極端的想法遭到家人勸阻：「這是大家的寺院，不應該因為你個人的信念而任其腐朽」。再三討論過後，解決方案終於出爐——那就是我不插手管這件事，由家人和信眾代表來安排。我意識到自己只有「視而不見」一個選項，因而決定袖手旁觀了。

後來回顧這件事，深感自己處理的不好，我其實是把殺生一事全部丟給信眾代表去承擔，也讓除蟲業者每次和我對上眼時，都露出一副很抱歉的表情。只因為我認定自己的想法最可貴，才讓事情變得如此尷尬。

這次的慘痛教訓讓我明白，一個人要選擇放棄堅守的信念，認清該放棄的臨界點在哪裡，還真的非常困難。

15　〔註〕庫裡：僧侶居住的場所，有時也兼作廚房。

93

(招致紛爭的是自私的信仰)

　　上一篇文章提到，人在實踐自身信仰過程中，可能在不知不覺間因過度執著而走火入魔。佛教也是一樣，倘若我們是抱持「這些才是真理」、「不懂的人都錯了」這種想法來修佛，恐怕會輕易地淪為狂熱的宗教實踐分子。真是可怕。

　　這裡所謂的「宗教」，姑且簡單解讀為「以某事為宗（當作個人核心價值）的教誨」。以這種客觀的角度來看，以信奉某些教誨的宗教本身，其實不帶有任何強迫的成分。

　　不過問題在於，需要找一些實踐方法或教誨來當作

個人核心價值的人，往往本身就處於不穩定或缺乏自信的狀態中，或有強烈的憤世嫉俗、鬱鬱寡歡傾向。（最近我反躬自省，才肯承認自己也有這種傾向……）

如此一來，我們這些某方面來說無法適應社會的人，為了尋求一條取而代之的出路，轉而投入一套可以用不同於一般社會的基準來自我評價、訓練心靈成長的遊戲中，企圖藉此找回「自信」。不可否認，這也是信仰的一個心理面向。

正因為背後隱藏著這種心態，所以為了維持「自己變得很優秀」的幻影，而執著於遵守戒律，甚至瞧不起那些與自己宗教信仰相左的人。

就讓我們用《經集》中的一句話來作為解藥吧。

正因為『我的想法是真理，其他都是錯的』這種唯我獨尊的主張，人們才會永遠被紛爭纏住。」（原文：偏住己見為第一，自於世間為最上。此外一切皆為劣，故為諍論無越離。」第七九六偈）

94

（ 保持幹勁需要「自願去做」 ）

　　小時候，只要一聽到大人說：「快去寫功課」，我會很生氣，賭氣回嘴：「我本來要去寫了，但被你這樣一說，現在不想寫了！」想必不只是我，每個人的記憶深處都有過類似的回憶吧？

　　姑且先不論當年是否真的打算「本來要去寫」，這段回憶的核心是「依個人意志做選擇」的形式，是維持幹勁的一大關鍵。因此「被迫去做別人提醒的事」這種形式，會嚴重傷害我們的自尊心。

　　換個話題。各位聽過源賴家[16]嗎？他的父親是頂尖武士源賴朝、母親是有「尼將軍」之稱的北條政子，

源賴家後來當上了鎌倉幕府的（超短命）第二任將軍。源賴朝死後，雖由源賴家繼任將軍，但政務卻由母親政子和幕府要臣以合議方式共治。源賴家大感憤怒，企圖「自己」掌握政權的結果，就是和幕府要臣對立，最後被迫從歷史舞台消失，成為悲劇青年。難道當年的源賴家，真的只是個任性的傻瓜嗎？

不，他心裡一定明白，母親和要臣所說的話都「很正確」。然而，或許是因為置身於這種必須聽命行事的環境中，才讓他產生「被你們這樣一說，我就不想做了」的想法，所以才會試圖反抗。

在《大般涅槃經》中有這樣一句話：「只以自己和內心的法則為依歸」。如果再稍微擴大解釋這段話，相信我們都能從歷史悲劇中學到：不要剝奪屬於他人的實權，讓人能以自己本身為依歸。

16　〔註〕日本平安時代末期至鎌倉時代的武將、政治家。鎌倉幕府首任征夷大將軍，也是日本幕府制度的建立者。

95

(世上不存在絕對正確的聖典)

　　之前講過執著於宗教（佛道亦然）是件有點危險的事情。我也觀察到，越是虔誠的人，越容易將經典上所記載的一字一句奉為圭臬。但追根究柢，這些經典也不過是一些文字罷了。

　　諸多原始佛典中，可以發現本書中多次引用的《經集》是一部最古老的經典，反映了不少釋迦牟尼實際說過的話，但我們也不能因此照單全收。

　　日本佛學界的泰斗——中村元博士主張，就文獻學的角度來看，《經集》的第四、第五章的確歷史悠久，其他篇章則是後人增補上去的內容。相較於第四章毫不

矯飾、寓意深遠的內容，其他篇章混雜了許多推崇釋迦牟尼為偉大聖者的字句。

比如《經集》中屢次被當做護身咒文來念誦的「寶經」，就再三盛讚僧團（Sa gha），大力鼓吹出家眾值得接受布施。很難想像釋迦牟尼會刻意宣揚這種自賣自誇的說法，令人懷疑這是後世教團為了樹立威信而添加的內容。

再舉其他例子。比方某篇經文當中，有一位精通經藏、律藏、論藏三藏的博學僧侶，被釋迦牟尼挖苦說是「胸無點墨的經典學究」後，才醒悟「自己做的只是學習而非修行」並洗心革面的經過。然而，三藏之中，論藏明明是在釋迦牟尼死後才編纂成冊，文中竟出現釋迦牟尼還在世時就學過論藏的僧侶，顯然與事實矛盾。

雖然我只舉了幾個小例子，若再考慮其他諸多疑點，就可以知道世上其實沒有一部絕對正確、值得完全信賴的聖典。即使是原始佛典，也不過是以文字記錄下來的字句。稍微保持一點距離來讀，理智地去思考，才能讓我們避免過度狂熱，一味偏信。

96

(遠離讓自己過度迷戀的事物)

　　我有一位童年玩伴，在前陣子碰面時聽他說：「我最近滿腦子只有卡莉怪妞[17]耶！」但不久前，他明明對這位歌手表現出一副興趣缺缺的樣子，不料現在卻說出這種話，我不禁又感慨起人生無常了。

　　這份感嘆其來有自，我以前在時尚雜誌上看到這個奇特的名字時，直覺感到「不太妙」。不管是因為我的大腦把她的長像納入好看的資料庫中；或是她那奇特的動作與打扮；又或者是她的詞曲是我以前喜歡的創作人──「CAPSULE」的中田康貴操刀也好……都讓我擔心自己只要一接觸就會不小心入迷。

畢竟我內心某處，還留有一些對特立獨行的嚮往。但這份嚮往會讓我難以度日，更不惜透過修行封印起來，所以心裡才會警鈴大作。

事情起因是，我跟這位童年玩伴胡鬧說「來試試看有多容易上癮吧！」，兩人便一起看了卡莉怪妞的音樂影片，結果一發不可收拾。因為「CANDY、CANDY……」的副歌部分，一直在腦中揮之不去，甚至連坐禪時大腦也會自動播放這段旋律，困擾了我好一陣子。這個事件讓我再次體認到，「修行中不聽音樂」以免被「洗腦」這項戒律的重要性。

另外，之前表示「沒什麼特別的嘛！」的那位童年玩伴，後來莫名成為狂熱粉絲，甚至脫口說出本文最上面那句話，我已見怪不怪了。

而我呢？後來完全不再看卡莉怪妞，也不碰她的音樂，總算治好了「洗腦狀態」，找回了平靜。在發現要求自己恪遵「遠離喜愛入迷的事物，維持心平氣和」這條戒律原來如此有用的同時，我竟也感到了些許寂寞。

17　〔註〕卡莉怪妞（きゃりーぱみゅぱみゅ）：1993 年生，本名竹村桐子，日本歌手及雜誌模特兒。

97

（ 別被虛榮心矇閉雙眼 ）

　　前陣子我下榻在一間可開伙的溫泉旅館中。旅館的老闆娘表示會供餐，也有提供廚房，旅客也可以自己作飯。但當時還在吃素的我，怕麻煩別人，所以拒絕了供餐的好意，回說：「我吃素，所以備餐會很麻煩，我自己煮就可以了」。

　　雖然吃素，但我是屬於可以吃雞蛋的蛋奶素（ovo-lacto vegetarian），所以帶了鵪鶉蛋到旅館去煮。然而，我卻在猶豫著是否該把敲開的蛋殼丟進廚餘桶裡。

　　我心裡想著：「老闆娘要是收拾垃圾時看到蛋殼，大概會覺得『那個和尚只是假裝吃素在騙人吧』或者

『應該是不想吃我煮的菜，才用吃素當藉口吧』那該怎麼辦？」這些顯然都是我自己「想太多」對吧？我心中住著一個膽小鬼，光想像他人如何看待自己就會感到非常畏縮。

我之所以會陷入兩難，追根究柢，是面子和虛榮心的念頭在作怪。我站在流理台的垃圾桶前，被迫面對自己的念頭──「要不要把蛋殼包起來藏好再丟呢？」後來轉念一想，如果生活中時時都要在意他人眼光，那也活得太累了吧，無論別人怎麼想，只要我知道自己是怎麼一回事就行了……。重新梳理想法後，我便大大方方地丟掉蛋殼。

以上，就是一個膽小鬼的內在小劇場。

《法句經》第三一六偈中有這樣一段話：「不應羞而羞，應羞而不羞，懷此邪見者，眾生趨惡趣。」意思就是說，主觀地思考了太多無謂的事，在不必感到羞恥的地方羞恥，卻在該羞恥的地方不知羞恥的人，將墮入惡道。

只要我們問心無愧，不必太在乎別人的眼光，就能活得輕鬆些吧！

98

（ 無懼誤解 ）

　　上一篇，我把自己的膽小舉止寫成了文章。嗯……
人生苦短，與其戰戰兢兢活著，還不如用無畏無懼、堂
堂正正地態度去面對來得自在。

　　說實話，我當初投身佛門的動機之一，就是想要可
以毫不在意他人想法，自然純真又率直地活著就好了。

　　反過來說，我當初正是因為太過在意他人目光而疲
憊不堪，決心擺脫這個困頓才開始修行。儘管過程中，
我依然不時跌倒受挫。

　　我就舉一個最近感到可笑的例子來分享吧。家母最

近為了家族會議，大老遠從山口縣來到位在鎌倉的道場，並由我到最近的車站去接她。不過，從車站走回道場的途中，因為我實在不想被任何人看見我們走在一起，便快步向前走。

這是因為，我的媽媽看起來很年輕，以前和她走在一起時就多次被人問道：「這是你太太嗎？」車站前有很多店家都有熟悉我的人，我實在不想被他們誤會。

這份心情讓我慌亂到連路都走不好。咦……奇怪？我什麼時候又變得一點也坦蕩不起來了？

仔細多想一想，即便被誤會，只要找機會解釋一下，說聲：「不是啦！」就可以了……。只因為我不想被誤會而東藏西躲，實則是誤入歧途了。

唉，《經集》第一二七偈有言：「多作惡業之行為，所作不欲令人知。隱蔽真象行為者，應知彼人是賤民」。卑賤的人才會鬼鬼祟祟地隱藏自己的身份，說的就是當下的我。

99

（ 不必強迫自己迎合他人 ）

　　「當我要自己盡量按照本心過活，遇上實在不願意做的事，便以『不行』來拒絕，也不再勉強自己配合他人後，整個人變得輕鬆多了。」我從讀者來信中看到這一段話，其後的內容概略如下：

　　「但儘管自己鬆了一口氣，家人卻責備我『比以前冷漠了』。從慈悲的觀點來看，我是不是做錯了？」

　　哎呀，其實我也被人說過「你開始修行前，還稍微有點貼心，最近真是一點也不體貼了」。所以我也算是同病相憐，沒有資格高高在上地回答這個問題。

然而，回首過去的自己，我現在終於明白，那些因害怕被孤立而拚命跟上朋友的話題，或者想要得到家人稱讚而壓抑自己的情緒，以大家開心為優先考量的舉動，都稱不上貼心或慈悲。即使在旁人眼中，你的舉動是對他們有利的「貼心」，但當事人的心，卻因為在意他人目光而小心翼翼、飽受煎熬。

　　只要察覺這份小心翼翼，是由於在意他人評價的煩惱，便能回歸自己的本心。倘若各位的本心，跟我或上述讀者一樣，顯得很冷漠、無情的話，那也只能把這個殘酷的現實當作善待自己的出發點。

　　不可否認，培養慈悲心也很重要。不過，在做這些好人好事之前，如果連善待自己、不讓自己受苦的餘力都沒有，那麼任何對他人的貼心，都只算是偽善。

100

(謙虛是進步的基石)

　　日本鎌倉時代末期到南北朝期間，有一位名叫夢窗疎石的禪僧，受到北条氏、足立氏和後醍醐天皇等人的盛情迎接，並尊其為師。乍聽之下，你或許會以為他趨炎附勢，但其實他終身都以相當的熱情，貫徹持續隱遁修行的作為，是一位難得的佛法大家。

　　這位高僧原本隱居在深山中潛心修行，後來拗不過醍醐天皇的再三請託，才結動身前往京都，開始捲入紅塵俗世，這時他已經五十一歲。儘管夢窗疎石年輕時，就有很高的悟性，師父早已認定他得道了，但他從未停下修行的腳步，而選擇繼續離世修行。

即使北条高時等掌權者上門求教，他也極力遠避，過著潛心精進冥想的修道生活。

正因為他歷經數十年的孤獨求道生活，所以即使置身權力中樞，受到俗世擺盪，夢窗疎石仍能坐懷不亂，始終維持脫俗的態度，並在佛道指導和作庭（造景園藝）等活動中，自在地發揮著自身才幹。

回過看看我自己，明明修行功夫還不到家，就誤以為自己得道，早早結束隱遁生活、接受俗世翻弄。歷經人世滄桑、精疲力竭後，才意識到自己的不足，而想重新出發時，夢窗疎石堅定隱居的腳步，顯得格外耀眼。

夢窗疎石曾經寫道：有的人遵守戒律便自鳴得意，瞧不起那些那些無法守戒律的人；以為自己長了智慧的人，便自視甚高，這樣的人將無法繼續成長」。（出自《夢中問答集》中）。

能體認自己還「不完全」的謙虛心態，對個人的成長而言，是最好的養分。這位大師早已洞悉到這一人生真理。

101

(渴望被讚美，和驕傲一樣討人厭)

有位朋友跟我說到前公司的老闆，因為沒事總愛炫耀：「我的公司很不錯吧？」而讓員工很反感。某日，據說有訪客詢問這位老闆成功爭取到大筆訂單的訣竅是什麼？

然後這位老闆對我的朋友說：「你快替我告訴他，我的老闆是非常貼心，而且不時地傾聽顧客的私人煩惱，顧客當然非常感動。畢竟生意做的好，又服務的如此周到的老闆，誰不喜歡呢？」

能自戀到這種地步，還真讓人佩服得五體投地又哭笑不得。

話說這位天真的社長，他至少知道自吹自擂難免惹人嫌，找第三者來稱讚，才會看起來更有說服力。

《經集》裡曾說，未受他人之詢問，放言自修頭陀戒，自言自己自慢者，善者稱此非聖法。（未受他人之詢問，放言自修頭陀戒。自言自己自慢者，善者稱此非聖法。第七八二偈）。

想不讓人覺得「內心污穢」，又想誇耀自己時，我們往往會想方設法讓別人開口稱讚。別以為自己不會犯這種錯。我就發現自己某次幫忙做菜時，因為那道菜上桌後頗受眾人好評，但主人卻對我的協助隻字未提，而萌生一股小家子氣的不滿。

話雖如此，我倒是沒有試圖耍手段炫耀自己有幫忙。但我竟然和那位老闆一樣，想著「要是有人能提一下我的功勞就好了……」，看來我的心當時也挺汙穢的，啊哈哈……。

放下那些「想要別人讚美我的功勞」的念頭，滿足於「秘而不宣時最美」的低調。只要這樣轉換一下心態，便能回歸平靜安穩之中。

102

(但行好事，莫問前程)

　　我在上一篇提到「不誇耀自己的功勞，秘而不宣時最美」的觀念。接著我回過頭來反省自己，才留意到我內心有時候也會被一股亟欲自誇的傲慢所侵蝕。

　　舉例來說，我發現寺院廚房流理台的排水口裡塞了不少廚餘，還沾附了一些污泥時，不僅將之擦拭乾淨，連整個廚房也打掃了一番。本來我做這件事純粹是出於自己討厭髒，但心中仍然藏著一份「想受人感謝」的欲望。

　　然而，沒人發現我打掃過廚房，就這樣過了一個月，排水口又淤積了不少污泥，呵呵……。那時我心

想「難不成自己得在無人知曉的情況下永遠清排水口了？」而感到不太舒服。

若從佛教觀點來看，「想讓人知道自己的功勞，被人感謝」的欲望、「想要他人反省自身汙穢」的自大，以及「為什麼都是我在做」的不滿，都會在心裡存入滿滿的負能量（惡業）。

如果辦得到，任誰都不想儲存這種負能量來擾亂心情吧。箇中關鍵就在於，放下「我是為了別人才去做的」這種自以為是的錯覺。沒錯，一旦我們刻意從利己的角度來思考，認為「我只是單純想去做而已，不需要誰的感謝」，有時甚至可以連「想炫耀」的心情都拋開了。

若能放下「想讓大家知道我有功勞」的念頭，默默行善，必定能從克服想炫耀的心中得到喜悅，以及在心中存入來自善業的正能量，簡直是一石二鳥！

103

(坦然接受生活中的不方便)

　　某天晚間上九點半左右，我打了一通電話給Ａ航空公司的客服，想預約隔天搭乘的航班機位，卻得到「今日服務時間已結束」的回覆。不過，根據語音說明，我還是可以依照語音系統的指示，確認航班的空位狀況。

　　聽完後，我心想：「原來如此。所以只要先確認好空位，就可以順便預約了吧？」會這樣想是因為我之前也在非上班時間打給Ｂ航空公司，並且依照語音指引，按了幾個號碼就完成預約的經驗。

　　不料，在我吃了一些苦頭，好不容易選到「○點△分出發，由○×機場飛往△□機場的航班」時，才知

道該公司的語音系統，僅止於告知航班是否有空位，而無法預約座位。

「唉，搞得一付可以預約的樣子，結果根本不能預約，只能知道『本班機尚有空位』，太過分了。浪費了我睡前寶貴的十五分鐘！多跟B公司學學吧」。正當我在心裡抱怨不停時，突然想到自己只因為用過更便利的服務，就對它習以為常，然後現在竟對「晚上不能預約」這麼一件極其普通的事而**耿耿於懷**。

我苦笑了一下。當初明明就是想脫離過於便利的社會，才選擇過這種不用網路、手機的生活，現在只是不能預約機票，就抱怨「為什麼這麼不方便，真不貼心」，實在太可笑了。

凡事只要用「勉強不來的事，那也沒辦法」來說服自己放棄，就能放鬆緊繃的神經，整個人也會活得輕鬆一點。現代人習慣使用各種太過方便的工具或服務，心境上變得很唯我獨尊，進而失去了藉由放棄讓自己放鬆的好機會。

104

(承認自己的脆弱、無能)

　　我最近出版了一本書，主題是在談如何覺察最真實的自我。書中的核心概念是「表面逞強只會徒增無謂的疲倦。覺察原原本本、脆弱又不堪的自己，並給予認同，讓自己喘口氣吧」。

　　當我被這本書的截稿期限追著跑的時，諷刺地發現，由於我勉強接下超出能力範圍的工作量，才落得喘不過氣來的下場。因為接下許多工作，再一件件完成，能建立一個「我很能幹」的形象，為大腦帶來快感。問題在於，這份快感蒙蔽了我的雙眼，而看不見真實的自己有多脆弱。

以我來說，過去曾有過冥想達到全神貫注的絕佳狀態時，能夠神清氣爽持續工作，一點都不覺得累的經驗。我明知這種絕佳狀態不會持續到永遠，心境上卻沉溺於昔日光榮，覺得「之前做得到，現在一定也行」，因而接下了超量的工作。

　　「現在的我已經大不如前了」，我那個總想逞能的自尊心，不允許自己承認這份脆弱。然而，我也感到超量工作已導致成果的品質下降，最後終於決心向相關人士說明自己「身體狀況不太好」，並減少工作量之後，才卸下肩頭上那個「我必須很厲害」的重擔，換來一身舒暢。

　　如果你試著減量後，還是感到整天被工作追著跑，代表要進一步停下內心殘存的逞強心，讓自己真正達到身心舒暢的境界。

105

(不與他人及過去的自己比較)

「不要比較，認為自己優於、劣於，或等同於別人」
（《經集》第九一八偈。依慢而勝不可思，雖劣等同亦
不念。應具種種諸勝德，自己不再妄分別）。

釋迦牟尼用這段話，來說明拋開優越感、自卑感和
同等感後，能獲得的安適自在。

誠然，處處和人比較，例如「我比較能幹」、「我
比較年輕」等，會讓我們變得自大；反之，如果是感到
自己「比別人差勁」、「比較老」等，就會讓我們不開
心不悅，兩種心境都不得安適。

但問題在於，人類大腦有個總想確認「自己到底排在哪個等級？」的習性，所以隨時都在和他人做比較，腦中不停處理「我佔上風」、「我佔下風」、「水準差不多」等資訊。人類這種相互比較的壞習慣，在佛教中稱為「慢心」，而這種忽高忽低、忽上忽下的擺盪，讓我們因為自己的獨角戲而疲憊不堪。

　　而我們比較的對象，甚至還包括過去的自己。比如我在上一篇提到自己沉溺於往日的修行榮光，不願承認如今身體力衰，造成打腫臉衝胖子的糗態。

　　放眼現今的社會，幾乎人人都很長壽。所以，每個人和過去的自己一比之下，感嘆年華老去而自卑的機會也越來越多，例如「以前明明很積極」、「以前皮膚明明那麼好」、「以前明明那麼有活力」……等。為了別讓自己老得這麼負面，快趁現在拋開和過去比較的壞習慣吧。

106

(你想見的是朋友，亦或是自己)

　　有一天，我突然想見見闊別十多年的國中同學，便試著和對方聯絡了一下。

　　結果對方說：「怎麼了？有事嗎？」

　　「沒有啦，想來約一下好久不見的老朋友……」

　　「嗯……要見面是可以啊，但見面要做什麼？」

　　哎呀，我本來期待他也很懷念老朋友，所以對方的消極態度讓我很失望，但我還是回說：

　　「見面吃個飯、聊聊天啊！」

　　「好是好，但我現在無法決定，等我選好日期再和你聯絡。」

這段對話結束之後，我的心裡出現了一些奇妙的變化：「奇怪？那股想見面的心情，怎麼消失了一大半？」這股疑惑吸引我審視自己的心，才發現因為老朋友的聲音消極到聽不出半點重逢的喜悅，那種拿自己熱臉去貼冷屁股的感覺，讓我感到很屈辱。

啊，原來比起和老朋友見面，我更想見到「想念我到樂意見面的老朋友」。所以當對方反應不如預期積極時，我就想打退堂鼓，像是俗稱的「杜鵑若不啼，那就放牠飛 18」。

「對方應該更想見我才對吧！」這種自視甚高的心態，換來了失望感。要是我能像德川家康一樣拋開自尊，懷抱「杜鵑若不啼，那就放等牠啼」的胸襟就好了。

其實我後來有和那位同學見面，一眼就看出他因為不斷加班而顯得全身無力、疲憊不堪，也明白為什麼他如此消極的原因了。所幸不枉我們多年交情，一見面很快就消除隔閡，渡過一段愉快談笑的時光。

無謂的自尊，容易造成彼此的誤會，還真是危險啊。

18　〔註〕原文「鳴かぬなら　逃がしてしまえ　ホトトギス」，源自日本戰國時期的典故。

107

（ 能感謝他人的嚴厲指責， ）
才是真正的「反省」

　　年關將近，我辦了一場尾牙餐敘。在道場打工的工讀生問我：「今年過得怎麼樣？」說著說著，我竟反省了起來。「哎呀！經過這一年，我不得不承認自己有時候神經真的很大條……不該開玩笑的時候亂開玩笑；或是完全沒發現有人希望我道謝；有時好像還不知不覺惹身邊的人生氣。」

　　「沒錯沒錯！」工讀生聽了後，開心地點頭附和說：「您有時會讓人覺得『怎麼連這點體貼都不懂？』有時又會顧慮到很細膩的地方，讓人覺得『這種小事不必那麼客氣啦……』。一來一往落差很大，有些人可能會覺得很火大吧。」

嗯……雖然他嘴上說「有些人」，但他自己一定也有對我感到火大的時候，讓我聽了有點驚訝，哈哈。

我本來覺得自己是在「反省」，但從別人口中聽到同樣的內容卻變成了指責，不過內心卻出乎意料地反駁「我沒有那麼討人厭吧！」看來我其實挺任性的，對吧？

然後，我笑看自己那份為求自保，而企圖放棄「反省」的苟且心態；同時又轉念一想，覺得工讀生點出的問題實在很中肯。哎呀呀……所以一定要將下面這個金句銘記在心：「比起那些配合我們說好話的愚者，願意直指我們缺點的智者更值得往來。」（《自說經》第二五章）。

108

為人表率者，
要勇於承認自己的「脆弱」

前面不斷強調，人要懂得承認自己的脆弱、無能之處。

後來重新反思，發現我寧可逞強也不肯承認自己身心大不如前的原因之一，可能跟我的「指導者」身分有關。

「我是負責弘法講道、冥想指導的人，不能因為這點小事就喊累，不能因為這點小事而煩惱」曾幾何時，我竟也認為必須展現自己「厲害」的一面而繃緊神經。我以為把身心發條都上到最緊，是積極投入宣講律心之道。只因為談的內容是律心，所以我下意識地害怕被人撞見「沒有充分自律好自己內心的現況」。

所以，當時我才會強迫自己裝出一付既不疲倦、也不煩惱的模樣。嗯……這種作為才真的是在折磨自己。

　　千萬不要以為事不關己。舉凡「身為主管必須……」、「為人師表應該……」、「作為父母理應……」、「長輩就該……」等，道理都一樣。這些為人表率者，或多或少都會為了展現超乎實際能耐的卓越而虛張聲勢。如此一來，才不會察覺到自己的脆弱或痛苦。

　　如果人能透坦承自己正在受苦，那麼「痛苦」的資料便會確實傳輸到大腦，再發出減輕痛苦的指令，偏偏我們連「痛苦」的資料都想主動刪除。

　　佛教有個名為「苦聖諦」的說法，亦集「痛苦才是神聖的真理」，因為人要先覺察自己的痛苦，才能撫慰痛苦，獲得內心的平靜安適。

後記

　　《別生氣啦！》是從我過去兩年半，每週在報紙上連載的「修心練習」專欄中，精選一百零八篇編纂而成的作品。

　　我每週都會從身旁截取當下最在意的事物或心境，寫成一篇又一篇的文章。如今回想起來，連載的中期到後半期，我自己就處於相當艱難的困境之中。

　　儘管我當時試圖在文字中參雜些許自嘲，但字裡行間仍然透露了自身的苦悶，然而文字也因此更加切身、寫實了。各位可以依個人喜好，從後半部讀起也無妨。

　　這些都是我自己現在進行式的真實素材，其中也包括了脆弱和遲疑。我把它們放在「煩惱分析」的砧板上加以調理，期盼各位可以拿來和自己處境對照，更務實地體現自我反省。

　　由這點來看，我其實希望將書名訂為「練習脆弱」，或「反省脆弱的練習」。不過編輯說這些書名「太難

懂」，而被打了回票。唉……

後來我總算突破持續好幾個月的困境，如今即將平安無事地著陸在柔軟的墊子上（當然這也是一種無常）。當我翻閱本書時，回顧連載期間一路走來的軌跡，可以看見自己每逢差點跌倒時便深自反省、用覺察的光芒照亮不願面對的地方。所以我認為一路上的每一步，都沒有半點浪費。

沒錯。只要我們願意停下腳步，仔細端詳，用內省的光照向所有失敗與困境，那麼走過的每一步，都會是我們無可取代的珍貴資產。

我們遇上煩惱困頓時，往往不懂得停下腳步，只想拚命出招。換言之，其實就是陷入了「**找事做的生活**」，一旦被催促追趕，甚至會自亂陣腳。越是煩惱困頓，越要安靜地停下腳步，別為了想多做什麼而拚命掙扎，或為了想除去什麼而亂槍打鳥，只要專注內省，必能從中找出最值得學習的教訓。

換句話說，就是不急著出下一招，秉持「無為」心態，只用心觀照自己的內在就好。這一套自我反省的練習，正是我所謂的「無為生活」——安靜地、悄悄地停下腳步。

　　在朝日新聞上連載兩年半，陸續承蒙平出義明先生、星野學先生，以及浜田奈美小姐等三位記者的關照，謹在此一併致謝。尤其是當我必須打破停滯不前的寫作形態之際，星野學先生願意提供寶貴助力，更讓我感激不盡。

　　我和幻冬舍的小木田順子小姐，已是第三次合作出書。我一方面要對她在工作上一如往常（至少表面上是）的乾脆俐落表示讚嘆，同時也要帶著微笑，說聲「大功告成」，結束我的謝辭，並在此為後記劃上句點。

二〇一四年二月二十八日
作者寫於春天降臨世間與心間的和煦上午

富能量　036

別生氣啦！

しない生活：煩悩を静める 108 のお稽古

作　　者：小池龍之介
譯　　者：張嘉芬
責任編輯：林麗文
封面設計：@Bianco_Tsai
內頁設計：@Bianco_Tsai
內文排版：王氏研創藝術有限公司

總 編 輯：林麗文
副 總 編：梁淑玲、黃佳燕
行銷總監：祝子慧
主　　編：高佩琳、賴秉薇、蕭歆儀
行銷企畫：林彥伶、朱妍靜

出　　版：幸福文化出版／遠足文化事業股份有限公司
地　　址：231 新北市新店區民權路 108-1 號 8 樓
網　　址：https://www.facebook.com/
　　　　　happinessbookrep/
電　　話：(02) 2218-1417
傳　　真：(02) 2218-8057

發　　行：遠足文化事業股份有限公司《讀書共和國集
地　　址：231 新北市新店區民權路 108-2 號 9 樓
電　　話：(02) 2218-1417
傳　　真：(02) 2218-1142
電　　郵：service@bookrep.com.tw
郵撥帳號：19504465
客服電話：0800-221-029
網　　址：www.bookrep.com.tw

法律顧問：華洋法律事務所　蘇文生律師
印　　刷：通南印刷有限公司
初版一刷：2022 年 9 月
初版13刷：2024 年 6 月
定　　價：360 元
9786267046722（平裝）
9786267046838（PDF）
9786267046845（EPUB）

PrintedinTaiwan　著作權所有侵犯必究
※ 本書如有缺頁、破損、裝訂錯誤，請寄回更換。
※ 特別聲明：有關本書中的言論內容，不代表本公司／
出版集團之立場與意見，文責由作者自行承擔。

國家圖書館出版品預行編目 (CIP) 資料

別生氣啦 !/ 小池龍之介著；張嘉芬譯 . -- 初版 . -- 新北市：幸福文化出版社出版：遠足文化事業股份有限公司發行，
2022.09
　　面；　公分 . -- (富能量；36)
譯自：しない生活：煩悩を静める 108 のお稽古
ISBN 978-626-7046-72-2(平裝)
1.CST: 佛教修持 2.CST: 生活指導 3.CST: 情緒管理
225.87　　　　　　　　　　　　　　　　　　　　　　　　　111005583